GRUPPO ITALIAIDEA

Italian
Espresso

**ITALIAN COURSE
FOR ENGLISH
SPEAKERS**

WORKBOOK

Alma Edizioni
Firenze

1

Il GRUPPO ITALIAIDEA è composto da:

PAOLO BULTRINI
FILIPPO GRAZIANI
NICOLETTA MAGNANI

In **Italian Espresso 1** sono stati utilizzati e rielaborati materiali originariamente creati da Maria Balì, Giovanna Rizzo, Luciana Ziglio.

Direzione editoriale: **Ciro Massimo Naddeo**

Redazione: **Carlo Guastalla**

Progetto grafico: **Caroline Sieveking** e **Andrea Caponecchia**

Impaginazione: **Andrea Caponecchia**

Progetto copertina: **Sergio Segoloni**

Illustrazioni interne: **ofczarek!**

Editing: **Giulia Guidotti** e **Thomas Simpson**

Stampa: **la Cittadina - Gianico (Bs)**

Printed in Italy

ISBN 978-88-8923-725-0

© **2006 Alma Edizioni**
Ultima ristampa: novembre 2010

Alma Edizioni
Viale dei Cadorna, 44
50129 Firenze
tel +39 055476644
fax +39 055473531
alma@almaedizioni.it
www.almaedizioni.it

Certificato PEFC
Questo stampato,
a esclusione della
copertina, è realizzato
con materia prima
da foreste gestite
in maniera sostenibile
e da fonti controllate
PEFC/18-31-151   www.pefc.it

Indice

Primi contatti

1 Lessico

Match up the mini-conversations and then indicate the time of day these phrases are used.

1. Buona sera,   Franca! (a)
2. Oh, ciao   Giuseppe! (b)
3. Ciao,   signora! (c)
4. Buongiorno,   dottore! (d)

n°_____

n°_____

2 Lessico

Insert the words in the correct places. The words are not in the correct order.

1. ■ Buongiorno. Io _____ Sara Patti. E tu _____ ti _____?
   ▼ Io _____ Marco.

①	chiami	sono
	sono	come

2. ■ Io _____ _____ Andrea. E _____?
   ▼ Paola.

   ② tu   chiamo   mi

3. ■ Ciao _____ Rosa. E tu _____ _____ _____?
   ▼ Paola. _____!

③	ti	chiami
	come	sono
	piacere	

3 Alfabeto

Complete the alphabet.

Lettere italiane: _a_ - ____ - _ci_ - ____ - _e_ - ____ - ____ - _acca_ - _i_ - ____ - _emme_ -

enne - _o_ - ____ - ____ - _erre_ - _esse_ - ____ - ____ - ____ - ____

Lettere straniere: _____ - _kappa_ - _____ - _____ - _____

4 Alfabeto

Write the letters below in the spaces. The resulting words will form a sentence.

1. a - elle - effe - a - bi - e - ti - o   L'
2. i - ti - a - elle - i - a - enne - o
3. acca - a   ⬛⬛
4. vi - e - enne - ti - u - enne - o   ⬛⬛⬛⬛⬛⬛⬛
5. elle - e - ti - ti - e - erre - e   ⬛⬛⬛⬛⬛⬛⬛

5 Pronuncia

*Underline the words which have the same sound as **caffè**, as in the example.*
The initials of the remaining words will complete the name of a region of Italy.

1. spaghetti
2. mac<u>chi</u>na
3. radicchio
4. ciao
5. zucchero
6. lago
7. chitarra

8. cuoco
9. chiave
10. zucchini
11. cuore
12. Monaco
13. prosecco
14. arancia

La regione italiana è la __ i __ i __ i __ .

CD 9

6 Pronuncia

Listen and complete.

_____rmania   buon_____rno   _____o   mac___na   _____rnale   spa_____tti

pre____   zuc_____ero   _____tarra   la_____   _____rda   ra_____

pia_____re   arriveder_____   _____co   _____re   fun_____   _____ffè

Primi contatti

1

7 **Lessico**

Write under the drawing the corresponding name in Italian and then check on pages 11 and 12 of the Textbook.

_____   _____   _____   _____   _____

_____   _____   _____   _____   _____

8 **Aggettivi di nazionalità**

Complete the sentences with the nationalities. The highlighted boxes will give you the name of a European country.

1. Gudrun è __ __ __ __ □ __ __ __ __, di Vienna.
2. Klaus, sei __ __ __ __ __ __ □ ? - No, vivo a Berlino ma sono di Zurigo.
3. Kate è __ □ __ __ __ __ __ __ __, di New York.
4. Sei di Parigi? - Sì, sono __ __ □ __ __ __ __ __.
5. Terence è __ □ __ __ __ __ __, di Londra.
6. Mary è □ __ __ __ __ __ __ __ __, di Dublino.
7. Sofia è __ __ __ __ __ __ __ □, di Roma.

Soluzione: □ □ □ □ □ □ □

9 **Lessico**

What is the name of the country?

Au - gna   Ger - zera   Ita - mania   Fran - gallo   Spa - lia

Porto - stria   Sviz- terra   Irlan - cia   Inghil - da

*Austria*_____   _____   _____   _____

_____   _____   _____   _____

10 Combinazioni

Put the questions in order and match them with the correct answers, as in the example.

1. centro / abiti / in

............*Abiti in centro*............................?   023374965.

2. chiami / ti / come

....? ➤ **No, abito in periferia.**

3. sei / dove / di

....?   Mi chiamo Claudia.

4. è / il tuo / indirizzo / qual

....?   Economia.

5. il tuo numero /qual / di telefono / è

....?   Sono di Milano.

6. studi / cosa / che

....?   Viale Manzoni, 16.

11 Presente indicativo - *Essere* e *chiamarsi*

Complete the sentences with the missing verbs. The verbs are not in the correct order.

| sei | ti chiami | mi chiamo | sei | sono | ti chiami | sei |

1. Io _____ irlandese, di Dublino.

2. Tu _____ francese?

3. _____ Jack Daly.

   E tu come _____?

4. Tu _____ svizzera?

5. Come _____?

6. Tu di dove _____?

12 Presente indicativo

Complete the conversations with the missing verbs.

■ Ciao, *(essere)* _____ Claudia. Tu come *(chiamarsi)* _____?

▼ *(Chiamarsi)* _____ Antonio. *(Essere)* _____ americana?

■ No *(essere)* _____ inglese, di Londra ma *(studiare)* _____ in Italia.

▼ Che cosa *(studiare)* _____?

■ *(Studiare)* _____ arte e italiano. E tu?

▼ Economia.

▼ Frank di dove *(essere)* _____?

■ *(Essere)* _____ di Berlino ma *(lavorare)* _____ a Milano.

▼ *(Abitare)* _____ in centro a Milano?

■ No, *(abitare)* _____ in periferia.

13 Numeri da 0 a 20

CD 10

Which numbers do you hear? Listen to the recording and circle the correct numbers.

3 - 13	4 -14	5 -15	6 -7	6-16
11-12	16-17	8-18	9 -19	7-17

14 Numeri da 0 a 20

Complete the crossword puzzle with these numbers. The numbers are not in the correct order.

across → 0, 2, 4, 5, 7, 10, 12, 16, 18   **down** ↓ 3, 6, 8, 9, 11, 13, 15, 17, 20

15 Numeri da 0 a 20

To find your way out of the maze, start at number 20. Look at the surrounding boxes and find the preceding number (19), then 18 etc. until you get to 0. If you have followed the correct route, the letters above the numbers will form a sentence.

Partenza

C	F	G	I	O	R	U	G
venti	otto	sei	venti	dieci	tre	sedici	cinque
I	**A**	**H**	**R**	**S**	**T**	**Z**	**F**
diciannove	diciotto	nove	undici	nove	diciotto	quindici	sette
B	**O**	**P**	**L**	**S**	**I**	**O**	**L**
due	diciassette	dodici	diciannove	otto	sette	tre	due
D	**A**	**A**	**M**	**P**	**M**	**V**	**T**
sette	sedici	tredici	uno	diciassette	sei	quattro	uno
E	**L**	**L**	**N**	**Q**	**A**	**Q**	**A**
dodici	quindici	quattordici	zero	dodici	cinque	quattordici	zero

Arrivo

_ _ _ _ , _ _ _ _ _ _ _ _ _ _ _ _ _ _ _ !

16 Lessico

What do we say in these situations?

Ciao!   A presto!   Buonasera!   A domani!

Buonanotte!   Arrivederci!   Buongiorno!

Quando si arriva: _____

_____

Quando si va via: _____

_____

Primi contatti

1

Buon appetito!

1 Lessico

You usually leave it for the waiter in a café or restaurant. What is it? Write the correct words in boxes and you will find the solution.

2 Sostantivi

Which of these words are singular and which are plural?

cappuccino patatine spremuta birre ~~spaghetti~~ pizze cornetti

aperitivo aranciate gelato pomodoro ~~marmellata~~ crema

panini cioccolato paste

SINGOLARE	PLURALE
marmellata	spaghetti

3 Questo e quello

Complete the sentence with the words in the boxes. Then check on page 22 of the Textbook.

questa	quella	questo	quello

4 Questo e quello

Complete the forms of **questo** *and* **quello** *with the appropriate vowel.*

1. Quest__ è un tramezzino.

2. Quell__ è una granita.

3. Quest__ è un'aranciata.

4. Quell__ è un succo di pompelmo.

5. Quest__ è un cannolo.

6. Quell__ è una macedonia.

5 Sostantivi

Complete the table as in the examples.

MASCHILE		FEMMINILE	
SINGOLARE	**PLURALE**	**SINGOLARE**	**PLURALE**
gelato	*gelati*	*pasta*	paste
	panini	carne	
tramezzino			aranciate
limone			birre
aperitivo			marmellate
	bicchieri	crema	
pesce			pizze
	cornetti	cioccolata	

6 Lessico

Complete each series of dishes as in the example. Then write down the "family" to which these words belong.

arrosto	~~bruschette~~	frutta	macedonia	peperoni	purè	risotto

tortellini	trota	pomodori ripieni

1. Insalata di mare, *bruschette*, affettati, _____ ➻ *Antipasti*
2. _____, braciola, _____, sogliola ➻ _____
3. Panna cotta, _____, strudel, _____ ➻ _____
4. Lasagne, _____, _____, minestrone ➻ _____
5. _____, spinaci, _____, patatine ➻ _____

7 Dialogo scombinato

At the restaurant. The customer's answers (on the right) are not in order. Put them in the correct order.

1. Buongiorno, vuole il menù?
   ....
   a. Un quarto di vino bianco.
2. Arrosto di vitello, pollo o sogliola.
   ....
   b. No, naturale.
3. E da bere?
   ....
   c. No, grazie, vorrei solo un secondo. Cosa avete?
4. Desidera ancora qualcos'altro?.
   ....
   d. Sì, mezza minerale.
5. Gasata?
   ....
   e. Va bene. Prendo la sogliola.

8 Lessico

There is a word in every box which is the odd one out. Which is it?

gelato tiramisù frutta insalata

pane pizza toast aperitivo

spaghetti tortellini trota minestra

cappuccino caffè tè gelato

limone latte fragola arance

9 Articoli determinativi

Complete the table by inserting the missing articles and changing the article and the noun to singular or plural.

SINGOLARE	PLURALE
_il_ gelato	*i gelati*
	_____ minestre
	gli affettati
lo spumante	
il bicchiere	
_____ cornetto	
_____ antipasto	
la fragola	
	_____ pesci

Buon appetito!

2

10 Dialogo scombinato

Conversation between waiter and customer. Put the phrases into the correct order.

( ) ■ D'accordo.
( ) ■ Prende il caffè? Un amaro?
( ) ■ Certo, signora. Desidera ancora qualcos'altro? Come dessert abbiamo …
( ) ■ Sì, dica!
( ) ▼ No, grazie, va bene così.
( ) ▼ Eh, magari un caffè, grazie. E poi il conto, per cortesia.
(**1**) ▼ Scusi!
( ) ▼ Mi porta ancora un po' di vino, per favore?

11 Articoli indeterminativi

Write the words in the list with the indefinite article, as in the example.

| cornetto | ~~birra~~ | bicchiere d'acqua minerale | spremuta | tè | aranciata |

| panino imbottito | tramezzino | pizzetta | bicchiere di latte | pasta alla crema |

Se ho fame prendo …

Se ho sete prendo …

una birra

12 Verbo *prendere* e articoli indeterminativi

Complete the sentences with the verb **prendere** *(_____) and with the indefinite article (..............).*

1. ■ Cosa _____ ?
   ▼ _____ .... aranciata, e tu?
   ■ Io _____ .... spremuta di pompelmo.

2. ■ Franco, anche tu _____ .... cappuccino?
   ▼ No, io _____ .... bicchiere d'acqua minerale.

3 ■ Allora io _____ .... birra.
   ▼ Per me .... spumante.

Buon appetito!

2

13 Articoli determinativi e indeterminativi
Underline the correct article.

Una/La signora, **uno/un** signore ed **un/un'** ragazzo vanno in **un/una** bar. Lei prende **un/uno** cornetto con **la/l'** crema e da bere **un'/un** tè al latte. **Il/Un** signore prende **uno/un** tramezzino e poi ordina **una/un'** birra. **Il/Lo** ragazzo preferisce bere solo **un'/una** aranciata e non mangia niente.

14 Lessico
Complete the conversation with the expressions in the boxes. (S = Signora C = Cameriere)

Grazie	per favore	per cortesia	signora	Scusi	Prego

S   _____ !

C   Sì, mi dica.

S   Mi porta una birra, _____ ?

C   Subito _____, piccola o media?

S   Piccola. E vorrei anche un'altra coca cola per il bambino, _____.

C   Certo.

S   _____.

C   _____.

14 Numeri da 20 a 100
Write the numbers out in words.

across →

1 = 90
4 = 12
8 = 100
9 = 30
10 = 6
11 = 78
12 = 86
13 = 3
14 = 88
15 = 7
16 = 0

down ↓

2 = 29
3 = 34
4 = 17
5 = 18
6 = 52
7 = 49
10 = 70

Buon appetito!

2

16 Numeri da 20 a 100

CD 16

How do we read out telephone numbers? Listen to the recording and circle the correct number.

Ada Bianchi	☎	12 81 3 26	☐	12 81 32 6	☐
Lucia Mannucci	☎	81 40 89	☐	81 4 0 89	☐
Piero Marchi	☎	68 18 1 24	☐	6 8 1 8 1 24	☐
Stefano Rosi	☎	93 3 21 7	☐	9 3 3 2 1 7	☐

17 Numeri da 20 a 100

Do the following sums as in the example. If the answers are correct the highlighted boxes will show the waiter's workplace.

```
26 + 10 =    ( +  più)
100 - 22 =   ( -  meno)
78 : 2 =     ( :  diviso)
43 x 2 =     ( x  per)
```

1. *Ventisei più dieci fa*

2. _____

3. _____

4. _____

Soluzione: Il cameriere lavora in un ▪▪▪▪▪▪▪▪▪

18 Pronuncia

CD 17

a. Repeat the words, noting the difference between the **tʃ** *and* **dʒ** *sounds.*

tʃ	**dʒ**		**tʃ**	**dʒ**
1. mancia	mangiare		4. ghiaccio	giorno
2. per piacere	gelato		5. cappuccino	Luigi
3. amici	Gigi		6. cucina	cugina

CD 18

b. Listen to the words and check the box corresponding to the sound you hear.

	tʃ	**dʒ**			**tʃ**	**dʒ**
1.	☐	☐		6.	☐	☐
2.	☐	☐		7.	☐	☐
3.	☐	☐		8.	☐	☐
4.	☐	☐		9.	☐	☐
5.	☐	☐		10.	☐	☐

Buon appetito!

2

Io e gli altri

1 Questo o questa?
*Complete the forms of **questo** with the appropriate vowel.*

1. Quest____ è il signor Lucchetti.
2. Quest____ è la signora Doliana.
3. È quest____ Eva?
4. Quest____ è un mio amico spagnolo.
5. È quest____ il tuo indirizzo?
6. Quest____ è la mia 2ª lezione d'italiano.

2 Lessico
Complete the conversation and then insert the words into the crossword. The dark boxes will give you the name of a famous Italian singer.

- ■ Ehi, ³_____ Silvio. Come stai?
- ▼ Ciao Mara. Sto ¹_____! E tu?
- ■ Anch'io….. Ah, ⁴_____ è Carlos, un mio amico spagnolo.
- ● Piacere!
- ■ Sai, Carlos parla ⁵_____ bene l'italiano.
- ● Grazie Silvio, ma non è così!
  E tu Mara, ⁷_____ lo spagnolo?
- ■ No, lo spagnolo no, ma parlo ²_____ svedese.
- ● Veramente? È una lingua difficile?
- ■ Mah, la grammatica non molto ma ⁶_____ parole e la pronuncia sono molto diverse dall'italiano.

3 Combinazioni
Match the words from the four groups to make sentences.

Io	parla	di	tre lingue.
Maddalena	sono	in	Madrid.
Tu	studia	-	una scuola.
Pedro	lavori	a	Italia.

4 Presente indicativo - Terza persona singolare

Answer the questions with a full sentence.

Carlo Bianchi / Torino / ingegnere - **Uta Reimers** / Berlino / segretaria
Jeanine Petit / Parigi / insegnante - **Pedro Rodriguez** / Siviglia / studente

1. Come si chiama il signor Bianchi? _____
2. La signora Reimers è interprete? _____
3. Uta è tedesca? _____
4. Jeanine studia? _____
5. Che lavoro fa il signor Bianchi? _____
6. Pedro lavora? _____
7. Chi lavora in una scuola? _____
8. Di dov'è Pedro? _____

4 Lessico

Insert the names of the days of the week from the boxes below into the calendar.

| sabato | mercoledì | domenica | venerdì | lunedì | giovedì |

Giugno 2006

	martedì					
1	2	3	4	5	6	7
	dentista				fine settimana a Capri!	

6 Presente indicativo - Trasformazione

Rewrite Alma's description in the first person.

Lei è Alma Valentini, fa la manicure in un centro estetico di Torino. Il mercoledì segue un corso di massaggio shiatsu. Sogna di aprire un centro Shiatsu a Teramo. È sposata e ha due figli.

Io sono Alma Valentini...

7 Presente indicativo - Terza persona singolare
Complete the description of Lorenzo with the verbs in brackets.

Lorenzo Federici *(fare)* _____ l'impiegato all'ufficio postale. *(Abitare)* _____ a Lecce, ma *(lavorare)* _____ in un piccolo paese a venti chilometri dalla città. Il giovedì sera *(giocare)* _____ a calcio con gli amici. Nel tempo libero *(scrivere)* _____ poesie. *(Amare)* _____ il cinema e lo sport. *(sognare)* _____ di fare il giornalista sportivo. Non *(essere)* _____ sposato e *(vivere)* _____ da solo.

8 Presente indicativo - Persone singolari
Complete the sentences with the verbs in the boxes.

cerca	è	ha	sono	fa	lavoro	lavori	fai	Parla	Parlo	Lavora

1. Si chiama Marie Dupont, _____ francese, di Marsiglia e _____ la segretaria. _____ lo spagnolo e l'italiano.

2. E tu dove _____? Che lavoro _____?

3. Mi chiamo Aldo Fusini. _____ di Pescara e _____ in un ristorante. _____ il tedesco e l'inglese.

4. Franca Rosselli è casalinga e _____ un figlio di 5 anni. _____ tanto e ora _____ una baby-sitter.

9 Sostantivi
Complete the two tables, changing the masculine occupation names to feminine and vice versa.

MASCHILE	FEMMINILE
il commesso	*la commessa*
il traduttore	
il dentista	
il medico	
l'insegnante	
lo studente	

FEMMINILE	MASCHILE
la cantante	
la professoressa	
la scrittrice	
la farmacista	
l'operaia	
l'impiegata	

10 Lessico

Where do these people work? Insert the names of the workplaces in the boxes.

across: →
3 medico
4 segretaria
6 farmacista
7 operaio
8 commesso

down: ↓
1 cameriere
2 insegnante
3 meccanico
5 impiegato

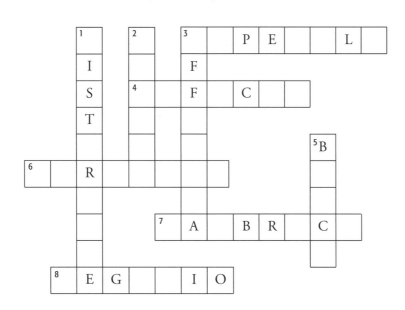

11 Preposizioni semplici

*Complete the sentences with the prepositions **a**, **di**, **in** and **per**, as in the example*

1. ■ Renata è _di_ Palermo?
   ▼ No, abita ___ Palermo, ma è ___ Torino.

2. ■ Qual è il tuo numero ___ telefono?
   ▼ 439867.

3. ■ Che lavoro fanno?
   ▼ Lui insegna ___ una scuola ___ lingue e
   lei è impiegata ___ un'agenzia.

4. ■ Giorgio arriva _____ New York lunedì.

5. ■ Sei qui ___ Roma ___ lavoro?
   ▼ No, no solo ___ visitare la città e anche
   ___ studiare l'italiano.

6. ■ Jack è qui?
   ▼ No, è ___ Portogallo, ___ Lisbona.

7. ■ ___ dove sei?
   ▼ Sono francese, ___ Parigi.
   ■ Ah, e lavori qui?
   ▼ Sì, ___ uno studio fotografico.

8. ■ Sei ___ Roma questo fine settimana?
   ▼ No, venerdì parto ___ Capri, torno
   domenica sera.

9. ■ Sei un'amica ___ Franco?
   ▼ No, sono una collega.

12 Frasi legate

Separate the letters and put in punctuation. You will find 6 mini-conversations.

1. Comestainonc'èmaleetu   *Come stai? Non c'è male. E tu?*

2. Ciaocomevabenissimograzie   _____

3. ComestasignorabenegrazieeLei   _____

4. QuestoèPierounmioamicopiacere   _____

5. Francoparlalinglesesìmoltobene   _____

6. LepresentoilsignorFoglipiacereMonti   _____

13 Dialogo scomposto

This conversation is jumbled up. Put the sentences in the correct order.

A

Ah, portoghese. E di dove?
Piacere, Fellini.
Scusi, Lei è spagnola?
Di Milano.

B

Di Oporto. E Lei di dov'è?
Piacere. Mi chiamo Maria Rodriguez.
No, sono portoghese.

A ....*Piacere, Fellini*...

B ....

A ....

B ....

A ....

B ....

A ....

14 Trasformazione - Formale

Rewrite the sentences spoken by A in the conversation below using formal address.

A Allora **Peter**, tu sei inglese?   **A** *Allora signor Dahl*...................................

B No, veramente sono australiano.   **B** No, veramente sono australiano.

A Ah, e abiti qui a Milano?   **A** ....

B Sì, da due anni.   **B** Sì, da due anni.

A E che lavoro fai?   **A** ....

B Sono un disegnatore di moda.   **B** Sono un disegnatore di moda.

A Beh, allora vivi nella città ideale.   **A** ....

B Per me sì, per mia moglie è più difficile.   **B** Per me sì, per mia moglie è più difficile.

A Perché? Che lavoro fa tua moglie?   **A** ....

B Lei è medico.   **B** Lei è medico.

15 Numeri da 100 in poi

Write the following numbers in figures.

tremilaottocentotrè   _____

duecentoventisette   _____

dodicimilasettecentocinquanta   _____

due milioni e novecentotrentamila   _____

seicentoquarantanove   _____

cinquemilaquattrocentoquattordici   _____

due miliardi e trecento milioni   _____

milletrecentodiciassette   _____

16 Pronuncia
CD 23

Listen to the recording and note the pronunciation. Then repeat the phrases.

Buona **s**era **s**ignora, come **s**ta?

Il **s**ignor **S**anti ha **s**e**ss**antasei anni.

Sandro e **S**ofia **s**ono a **S**alerno.

Scusi, Lei parla lo **s**pagnolo?

Siamo qui a **s**cuola per **s**tudiare l'italiano.

Senti, tu **s**ei **s**vizzero o tede**s**co?

Io **s**ono di **S**ondrio e tu di dove **s**ei?

Stefano ha **s**edici anni.

17 Intonazione
CD 24

*Question or statement? Listen to the sentences and insert a question mark (?) or a period (.).
Then listen again and repeat with the correct intonation.*

1. Franco parla bene il tedesco

2. Lara è di Merano

3. Questo è Guido

4. Maria non è portoghese

5. Hans è di Vienna

6. La signora Rossetti non sta bene

7. Lei è irlandese

8. Sei tedesco

Lei è straniero, vero?

Tempo libero

1 Combinazioni

Match the phrases on the left with those on the right.

1. Franco guarda   a. in palestra.
2. Nicola va   b. sempre a casa.
3. Alessia legge   c. sport.
4. Matteo dorme   d. un libro.
5. Federica sta   e. a lungo.
6. Paola fa   f. la TV.

2 Presente indicativo - I, II persona singolare

Complete the conversations with the verbs in brackets.

1. ■ Dario, cosa *(fare)* _____ nel
   tempo libero?
   ▼ Di solito *(ascoltare)* _____ la
   musica o *(fare)* _____ una
   passeggiata.
2. ■ Serena, *(dormire)* _____ a
   lungo la domenica?
   ▼ Sì, ma poi *(fare)* _____ sport:
   (andare) _____ in bicicletta o
   (giocare) _____ a tennis.

3. ■ Mario, cosa *(fare)* _____ oggi?
   ▼ Oggi *(giocare)* _____ a carte
   poi *(andare)* _____ al cinema.
4. ■ Tu *(fare)* _____ molto sport
   nel tempo libero?
   ▼ No, io *(stare)* _____ a casa:
   (leggere) _____, *(navigare)*
   _____ su Internet, *(ascoltare)*
   _____ musica o *(cucinare)*
   _____.

3 Presente indicativo - I, II, III persona singolare

Complete the sentences with the following verbs. The verbs are not in the correct order.

amare	andare	andare	andare	avere	dormire	fare	fare	fare	giocare

giocare	guardare	leggere	stare	stare	suonare

1. Paola, _____ il giornale nel
   tempo libero?
2. Il sabato Ugo _____ in palestra.
3. ■ Paolo cosa _____ stasera?
   ▼ Stasera _____ a casa e
   _____ la TV.
4. ■ Silvio, tu _____ in bicicletta?
   ▼ No, ma _____ a tennis.
5. ■ Tu _____ a lungo il sabato?
   ▼ Io sì, e tu cosa _____?

6. Oggi Sara non _____ al lavoro.
   _____ a casa e poi _____
   la spesa.
7. ■ Nel tempo libero io _____ a
   rugby. E tu?
   ▼ Io _____ il piano.
8. Carlo _____ molto gli animali:
   _____ un cane e tre gatti.

4 Trasformazione

Transform this text into the third person singular and the second person plural.

Ogni giorno vediamo quartieri interessanti e proviamo a mangiare in posti nuovi; adesso conosciamo molti ristoranti del centro, ma quello che preferiamo è un piccolo ristorante turco.

Ogni giorno lei...   *Ogni giorno voi*...

5 Presente indicativo

Complete the sentences with the missing verbs.

Tim, Rose e Gloria sono tre studenti americani che *(abitare)* _____ a Venezia. Tim *(fare)* _____ un corso di lingua italiana all'università. Rose e Gloria *(conoscere)* _____ bene l'italiano e quindi non *(studiare)* _____ lingua ma *(seguire)* _____ un corso di arte italiana. Il corso di Tim *(essere)* _____ molto interessante perché gli altri studenti *(arrivare)* _____ da vari continenti e paesi. L'insegnante *(essere)* _____ una ragazza di Firenze molto simpatica. In classe lei *(parlare)* _____ soltanto italiano; quando gli studenti non *(capire)* _____ quello che dice, *(chiedere)* _____ di ripetere una frase o di spiegare una regola. Tutti *(provare)* _____ a comunicare in italiano.
Tim *(andare)* _____ all'università tutti i giorni, da lunedì a venerdì. Le lezioni *(cominciare)* _____ la mattina alle 9 e *(finire)* _____ alle 13. Rose e Gloria invece non vanno all'università tutti i giorni ma soltanto due volte a settimana. In realtà *(passare)* _____ molto tempo a casa: *(leggere)* _____ libri di arte - il periodo che *(preferire)* _____ è quello del Rinascimento -, *(scrivere)* _____ composizioni e *(visitare)* _____ musei e gallerie.
La sera i tre amici *(preparare)* _____ la cena insieme: Rose *(fare)* _____ la spesa in un mercato vicino casa e Tim e Gloria *(cucinare)* _____ piatti tipici italiani.

6 Presente indicativo - Verbi *conoscere* e *sapere*

*Complete the sentences with the correct form of the verbs **conoscere** or **sapere**.*

1. Ragazzi, _____ a che ora comincia il corso?
2. Ho molti amici spagnoli, ma non _____ lo spagnolo.
3. I genitori di Marta _____ Franco?
4. Sono molto indeciso, non _____ cosa fare!
5. _____ dov'è una buona pizzeria?
6. (voi) _____ una buona pizzeria?
7. Maria e Antonio non _____ cucinare.
8. Lorenzo _____ tutti i film di Fellini.

7 Lessico - I giorni della settimana
Solve the anagrams of the days of the week. Then put them in numerical order, as in the example.

botasa   ↦   _____ ☐

tediram   ↦   _____ ☐

ulnide   ↦   *lunedì*   ☑

amceidon   ↦   _____ ☐

enrdvei   ↦   _____ ☐

cderlemoi   ↦   _____ ☐

igiveod   ↦   _____ ☐

8 Presente indicativo e avverbi di frequenza
Complete the sentences, conjugating the verbs and inserting the adverbs of time.

1. Mario **cucinare** con gli amici. *(spesso)* *Mario cucina spesso con gli amici.*
2. La sera Adamo **guardare** la TV. *(di solito)* _____
3. Io **andare** in macchina. *(quasi mai)* _____
4. Pia e Rosa **giocare** a tennis. *(qualche volta)* _____
5. Roberta **andare** al cinema. *(spesso)* _____
6. Il sabato io **fare** una passeggiata. *(quasi sempre)* _____
7. Noi **suonare** la chitarra. *(qualche volta)* _____
8. Mara e Lino **finire** di lavorare tardi. *(sempre)* _____
9. Tu **fare** sport. *(mai)* _____

9 Combinazioni
Rearrange the conversation by numbering the sentences in the correct order.

(n°)
( )   Beh, qualche volta vado con gli amici al cinema oppure al ristorante.
( )   Anche io sabato non sto a casa, ma non vado mai a ballare!
( )   Che cosa fai il fine settimana?
( )   E allora cosa fai?
( )   Il sabato sera non sto mai a casa. Vado in discoteca e domenica dormo a lungo. E tu?

10 Il verbo *piacere*
*Complete the sentences with the verb **piacere**.*

1. Ti _____ la musica classica?
2. Ti _____ ballare?
3. Mi _____ molto i balli sudamericani.
4. Mi _____ dormire a lungo.
5. Ti _____ i libri di fantascienza?
6. Il corso d'italiano mi _____ molto.

11 Combinazioni

Form as many sentences as you can.

Mi piace
Mi piacciono
Studio
Suono

la cucina
il pianoforte
viaggiare
matematica
economia
la lingua
fare passeggiate
gli sport
le canzoni
il basso

italiana
per lavoro
perché amo l'Italia
da cinque mesi
di Ramazzotti
da poco tempo

12 Il verbo piacere

Write the questions and answers, as in the example.

la musica classica ➻ Ti piace la musica classica?
Sì, mi piace (molto). / No, non mi piace (per niente).

1. leggere ➻ _____ ?
   _____ .

2. i fumetti ➻ _____ ?
   _____ .

3. cucinare ➻ _____ ?
   _____ .

4. il pesce ➻ _____ ?
   _____ .

5. i film gialli ➻ _____ ?
   _____ ?

13 Presente indicativo - Verbi regolari, irregolari, *piacere*

Complete the sentences with the verbs in the boxes. The verbs are not in the correct order.

1. La domenica mattina _____ volentieri una passeggiata.
2. Pietro e Franco _____ il violino.
3. Nel tempo libero Giulia _____ in piscina.
4. Mi _____ le canzoni di Lucio Dalla.
5. Noi _____ il portoghese per lavoro.
6. Non ti _____ studiare.

andare

piacere   fare

studiare   piacere   suonare

14 Presente indicativo - I persona singolare regolari, irregolari, *piacere*

Complete the text with the verbs in the boxes. The verbs are not in the correct order.

Mi chiamo Manuel Isaac Borrego Fernàndez, _____ 23 anni e _____ spagnolo. _____ a Salamanca, dove _____ matematica e anche l'italiano da tre anni (per lavoro). Nel tempo libero mi _____ leggere, giocare a calcio, a tennis. _____ la musica, _____ la chitarra e _____ molto volentieri in discoteca. Vorrei corrispondere con studenti italiani.
Scrivete a : manuelborrego@mailnet.es

abitare	amare
andare	avere
essere	piacere
suonare	studiare

15 Avverbi interrogativi

Insert the "question adverbs" in the correct place and match the questions to the answers.

Qual	Come	Di dove	Come	Che	Dove	Quanti

1. _____ anni hai?   a. L'italiano e il greco.
2. _____ siete?   b. In una fabbrica.
3. _____ lingue parli?   c. Giuseppe.
4. _____ stai?   d. Di Palermo.
5. _____ lavorate?   e. 235507.
6. _____ ti chiami?   f. Non c'è male, grazie.
7. _____ è il tuo numero di telefono?   g. 48.

16 Lettura e comprensione

a. Read the conversation.

■ Ciao, Clara.
▼ Ah, Dario, sei tu?
■ Sì, senti, hai tempo domani?
▼ Domani? ... No, mi dispiace esco con Giuseppe.
■ Ah, e dove andate?

▼ Beh, prima al cinema e poi forse anche a mangiare una pizza. E tu?
■ Beh, sai che, quando non lavoro, preferisco andare in palestra o fare qualcosa all'aperto ... andare in bicicletta, giocare a tennis ...
▼ Eh già, tu ami fare sport, io invece ....

b. Which of these statements are not true? Correct the wrong information and write down the number corresponding to the correct answer, as in the example.

Di solito Dario esce volentieri con Clara anche se non amano le stesse attività: a lei non piace lo sport, lui invece ama il ~~calcio~~ [1] e la bicicletta.
Domani Clara esce con un'amica. Prima vanno al cinema e poi forse in una spaghetteria.
Dario non va con loro perché nel tempo libero preferisce andare a ballare.

(1) *il tennis;* (2) _____ ; (3) _____ ; (4) _____

17 Lettura e comprensione

Who are we talking about? Read the sentences and then complete the table.

1. Alessandro, amico di Giovanna, ha ventott'anni.
2. Patrizia e Giovanna hanno la stessa età.
3. Mariangela non ha 18 anni.
4. ... il venerdì va sempre in palestra.
5. Lui ama molto la cucina italiana e così ...
6. Una persona ha 65 anni.
7. La ragazza di 18 anni il sabato esce con gli amici.
8. La domenica va all'opera con il figlio.
9. All'amica di Alessandro piacciono gli sport e così ...
10. Alla ragazza di diciotto anni piace leggere i gialli e i fumetti.
11. ... il giovedì va al ristorante.
12. A lei piace molto ascoltare la musica classica.

nome				
età				
quando/dove va				
hobby				

18 Pronuncia

a. Listen and repeat the words. Pay particular attention to the pronunciation and how each word is spelled.

CD 28

Guido - fun**ghi**
lin**gua** - yo**ga**
guardare - impie**ga**to

qui - **chi**
quanto - **ca**ntante
cin**que** - an**che**
a**cqua** - a**cca**

b. Try to write down the sentences that you hear.

CD 29

1. _____
2. _____
3. _____
4. _____
5. _____
6. _____

19 Ricapitoliamo

Write about your hobbies, likes and dislikes: what do you like to do on weekends or in the your leisure time? Is there something that you often do, or only sometimes or that you never do? If you wish you can also write about your friends or people you know.

Tempo libero

4

Test 1

TOTALE....85

1 Articoli determinativi e sostantivi 30

Write the definite article before each noun and then write both the article and noun in the plural form.

Write the definite article before each noun and then write both the article and noun in the singular form.

____ sedia ↦ ____ _____

____ scrittore ↦ ____ _____

____ limone ↦ ____ _____

____ antipasto ↦ ____ _____

____ attrice ↦ ____ _____

____ lezioni ↦ ____ _____

____ ospedali ↦ ____ _____

____ nomi ↦ ____ _____

____ studenti ↦ ____ _____

____ impiegate ↦ ____ _____

2 Articoli determinativi e indeterminativi 15

Read these texts and circle the correct article.

Bianca Parigini è **un/una** architetto, lavora in **un/uno** studio importante di Venezia. **Il/Lo** lunedì e **il/lo** mercoledì organizza tour per studenti di arte di molte università. Conosce molto bene **la/una** sua città e **un/il** sabato normalmente visita altre città italiane con **gli/le** amici.

Dario Valentini fa **le/il** parrucchiere in **un/uno** centro estetico di Torino. **Il/Un** mercoledì segue **un/il** corso di massaggio shiatsu. Sogna di aprire **un/uno** centro Shiatsu a Teramo, **l'/la** sua città d'origine. È appassionato di film francesi e **i/il** venerdì segue anche **il/un** corso di storia del cinema.

3 Presente indicativo 15

*Complete the text below with verbs in the boxes conjugated in the **presente indicativo** tense. The verbs are in the correct order.*

arrivare	dormire	abitare	essere	lavorare	visitare	conoscere	andare	sapere

piacere	piacere	guardare	pensare	telefonare	arrivare

Ciao,
sono a Roma nel fine settimana, _____ venerdì sera con Mattia e Daniela, _____ tutti a casa di mia sorella. Ti ricordi dove _____ mia sorella? Tu _____ libera? O _____ dal lunedì alla domenica come al solito? Il piano è questo: sabato Mattia e Daniela _____ un po' la città, perché non _____ Roma, mentre io sto un po' con mia sorella. Sabato sera _____ in quel ristorante a Trastevere dove tu ed io mangiamo sempre quando sono a Roma. Tu _____ bene che quel ristorante mi _____ da morire. Poi andiamo in discoteca, al Cube. So che non ti _____ le discoteche, ma questa è differente, la musica è bella, e la gente non _____ solo i vestiti che porti e non _____ solo al look. Ti _____ quando _____, così ci mettiamo d'accordo.

Baci
Rebecca

4 *Sapere e conoscere* (.... /5)

*Complete the sentences with **sapere** or **conoscere**.*

1. Marcella non _____ giocare a tennis.
2. Senti Nina, _____ un ristorante tailandese a Milano?
3. Gina e Pina _____ un bravo architetto.
4. Siete di Roma? _____ dov'è San Pietro?
5. Non vivo qui, non _____ qual è l'autobus per la stazione.

5 Interrogativi (.... /10)

Complete the conversations inserting one of the interrogatives below into the blank spaces.

Che cosa	Che cosa	Come	Come	Di dove	Dove	Perché	Qual	Quando	Quanti

1. ■ _____ ti chiami?
   ▼ Maria Rossi.

2. ■ _____ sei?
   ▼ Sono americana.

3. ■ _____ abiti qui a Palermo?
   ▼ Abito qui a Palermo per ragioni di lavoro.

4. ■ _____ torni in Italia?
   ▼ Torno in Italia tra un mese.

5. ■ _____ fai?
   ▼ Sono impiegata in una agenzia turistica.

6. ■ _____ lavori?
   ▼ In centro, in una scuola di lingue.

7. ■ _____ ti piace fare nel tempo libero?
   ▼ Nel tempo libero esco, vado al cinema o vedo gli amici.

8. ■ _____ caffè devo ordinare?
   ▼ Tre normali e due macchiati.

9. ■ _____ è la tua città preferita in Italia?
   ▼ Non sono sicura, Napoli forse, ma anche Roma è bellissima.

10. ■ _____ stai oggi?
    ▼ Benissimo, grazie. E tu?

6 Riscrittura (.... /10)

*Rewrite the following conversation changing it from **informal** to **formal** register.*

■ Ciao, sono Marco. ▼ Piacere, Dana, sono inglese. Tu sei italiano? ■ No sono argentino, ma lavoro in Italia. ▼ Che lavoro fai? ■ Sono traduttore, e tu? ▼ Io studio all'università. ■ Dove studi? ▼ All'Università per stranieri. Sai dov'è? ■ Sì, è qui vicino. Conosci Maria Parisi? ▼ Sì, certo, è la mia insegnante. Come la conosci? ■ È anche la mia insegnante privata. ▼ Che coincidenza! ■ Prendi un caffè con me? ▼ Volentieri, grazie. Quale bar preferisci? ■ È lo stesso.	■ *Buongiorno, sono Marco Berio.* ▼ *Piacere, Dana Jones...*

Test 1

In giro per l'Italia

1 Aggettivi - Primo tipo
Complete the table.

SINGOLARE	PLURALE
chiesa famosa	*chiese famose*
albergo caro	
	chiese antiche
città moderna	
	edifici moderni
albergo tranquillo	
	zone tranquille

2 Aggettivi - Primo tipo
Complete the sentences with the following adjectives. Ensure that the adjective endings agree (the adjectives are in the correct order).

piccolo

1. Pisa è una città _____.

splendido

2. La cattedrale di Pisa è _____.

unico

3. I mosaici nella cattedrale sono _____.

4. _____ turisti visitano Pisa ogni anno. **molto**

5. Le strade della città sono _____. **antico**

6. L'ufficio del turismo organizza visite _____. **guidato**

3 Presente indicativo - I, II, III persona singolare
*Complete the conversations with the verbs in brackets conjugated in the **presente indicativo**.*

1. ■ Sabato Teresa ed io *(andare)* _____ a Sperlonga.
   ▼ Ah, e *(rimanere)* _____ tutto il fine settimana?
   ■ No, purtroppo *(stare)* _____ solo un giorno.

2. ■ Gino e Pina *(uscire)* _____ con gli amici stasera.
   ▼ E dove *(andare)* _____?
   ■ A teatro.

3. ■ Anna non *(venire)* _____ a Venezia con noi domani.
   ▼ Che peccato! Ma perché? *(stare)* _____ male?

■ No, *(rimanere)* _____ a casa per studiare, giovedì *(dare)* _____ un esame molto importante.

4. ■ Ragazzi, che *(fare)* _____ questo fine settimana? *(Avere)* _____ progetti?
   ▼ Sabato *(uscire)* _____ con Viviana, *(andare)* _____ al ristorante indiano. Perché non *(venire)* _____ anche tu?

5. ■ Ragazzi, *(essere)* _____ liberi stasera? *(Venire)* _____ al cinema?

4 Presente indicativo - Verbi regolari e irregolari
*Complete the text with the verbs in brackets conjugated in the **presente indicativo**.*

Mi chiamo Lenor, *(essere)* _____ portoghese ma *(vivere)* _____ in Italia da vent'anni. Abito a Napoli con mio marito e i miei due figli. Mio marito Gianni *(essere)* _____ napoletano e *(fare)* _____ il restauratore. I miei figli Manuel e Maria *(essere)* _____ gemelli, *(avere)* _____ 16 anni e *(andare)* _____ alla scuola superiore internazionale qui a Napoli. Sono ragazzi molto maturi e responsabili, non *(dare)* _____ problemi e noi *(avere)* _____ molta fiducia in loro. Anche quando *(uscire)* _____ con gli amici e *(ritornare)* _____ tardi, noi non *(essere)* _____ preoccupati.
Io *(insegnare)* _____ letteratura portoghese all'università. In genere i miei studenti *(dire)* _____ che sono una brava insegnante. I miei corsi però *(essere)* _____ molto duri e non tutti gli studenti *(rimanere)* _____ fino alla fine del corso.
Tutti gli anni noi *(andare)* _____ in Portogallo per le vacanze, *(stare)* _____ qualche giorno con i miei genitori a Lisbona e poi tutti insieme *(andare)* _____ a Lagos, una bellissima località sulla costa dell'Algarve, dove ogni anno *(affittare)* _____ una casa sul mare.
Il Portogallo mi manca qualche volta, ma amo molto Napoli, per me *(essere)* _____ una città splendida, e mi *(piacere)* _____ i napoletani, perché *(essere)* _____ generosi e aperti, e non mi *(trattare)* _____ mai come una straniera. Parlare la mia lingua è la cosa che mi manca veramente. Per fortuna amici e parenti *(venire)* _____ spesso dal Portogallo a trovarci, e in queste occasioni il portoghese *(diventare)* _____ la lingua ufficiale della nostra casa.

5 Lessico
What is there to see in Padova? Find in the grid (both across and down) another 10 words and highlight then, as in the example. The remaining letters spell out the name of a famous building in Padova.

t	d	c	h	i	e	s	e	e	l	p
e	r	i	s	t	o	r	a	n	t	i
a	l	n	e	g	o	z	i	a	r	a
t	m	e	r	c	a	t	i	a	g	z
r	b	m	p	a	l	a	z	z	i	z
i	a	a	m	u	s	e	i	i	o	e
n	r	a	l	b	e	r	g	h	i	e

Soluzione:

Il palazzo ☐☐☐☐☐

☐☐☐☐☐☐☐ (1218 - 1219)

6 *C'è/Ci sono*, concordanza articolo-sostantivo-aggettivo
Form the sentences as in the example.

7 *C'è/ci sono* oppure *è/sono*
Complete the sentences with **c'è/ci sono** *or with* **è/sono**.

1. Il cinema Roma _____ qui vicino, per cortesia?

2. Mi scusi, _____ una pizzeria qui vicino?

3. Non so se qui _____ un parcheggio.

4. Il parcheggio _____ davanti alla chiesa.

5. _____ delle cabine telefoniche in via Calepina?

6. _____ un film interessante stasera?

7. Le Terme di Caracalla _____ vicine a S. Pietro?

8 Aggettivi
Complete Michael's letter with the following adjectives, as in the example.
Ensure that the adjective endings agree.

altro	caro	grande	interessante	interessante	~~piccolo~~	privato

	prossimo	tanto	tranquillo	

Montepulciano, 29 luglio

Caro Roberto,

sono qui a Montepulciano per frequentare un corso d'italiano. La città mi piace molto: è *piccola*, ma ci sono _____ cose _____ da vedere. E poi è anche un posto _____ perché il centro è zona pedonale. Abito presso una famiglia e così ho la possibilità di continuare a parlare in italiano anche quando non sono a scuola. Ho una camera _____ con un _____ balcone. Insomma, sto veramente benissimo. Anche le lezioni sono _____ e noi impariamo molto. Dopo i corsi torno a casa per il pranzo, faccio i compiti e poi visito la città o _____ posti nei dintorni. La sera dopo cena prendo un gelato o ascolto un concerto in piazza. Purtroppo il corso finisce sabato _____ e lunedì ricomincia il lavoro.

Tanti _____ saluti e ... a presto!

Michael

9 Aggettivi

Change the following sentences from singular to plural and vice versa.

SINGOLARE	PLURALE
il paese piccolo	
	i quartieri medievali
	le zone eleganti
l'incrocio pericoloso	
	gli appartamenti luminosi
lo zoo famoso	
la facciata rinascimentale	

10 Preposizioni semplici

Read the text and choose the correct preposition.

Marco e Franca abitano **in/a** Pavia, **in/a** un piccolo appartamento **in/a** centro. Marco lavora **in/a** un bar vicino casa e così va al lavoro **in/a** piedi o **in/a** bicicletta. Franca invece lavora **in/a** un'altra città. Ogni giorno va al lavoro **in/a** treno. Parte la mattina presto a torna **in/a** casa sempre molto tardi!

11 Preposizioni semplici

*Complete the letter with the following prepositions: **a**, **con**, **di**, **in**, **per**.*

Cara Valeria,
sono qui _____ Firenze _____ frequentare un corso _____ italiano. La città è un po' caotica, soprattutto _____ centro ci sono molti turisti, ma è bellissima. Quando non frequento le lezioni vado _____ visitare un museo o entro _____ una chiesa _____ vedere i quadri, gli affreschi e le statue che _____ Australia ammiriamo nei libri. Giro tutto il giorno _____ piedi, e la sera sono molto stanca. Comunque esco tutte le sere _____ i miei compagni di corso, andiamo _____ mangiare _____ un ristorante tipico o beviamo qualcosa _____ un bar, però poi torno _____ casa _____ taxi. Domani vado _____ San Gimignano. _____ presto! Catherine

12 *Dov'è/dove sono o c'è/ci sono?*

Complete the sentences with the appropriate expression.

1. Scusi _____ un ristorante qui vicino?

2. Per cortesia, sa _____ l'albergo Aurora?

3. Senti, _____ una pizzeria qui vicino?

4. Conosce la pizzeria "Napoli"? Sa _____?

5. Per piacere, signora, _____ le Terme di Caracalla?

6. Scusi, _____ cabine telefoniche qui vicino?

7. Signora, per cortesia, _____ un parcheggio vicino alla stazione?

8. _____ i Musei Vaticani, per cortesia?

13 Lessico

Based on the illustration, put the directions in the correct order.

Per arrivare all'università vai dritto e poi prendi ...

L'università è lì di fronte
Vai ancora avanti e al secondo
la prima strada a sinistra. Attraversi
una piazza, continui ancora dritto e poi giri a
a una grande chiesa.
giri ancora a destra, in via Calepina.
incrocio
destra (all'angolo c'è un supermercato).

14 Lessico

Look at the map and decide whether these statements are true or false.

1. L'ufficio postale è davanti alla chiesa.
   sì ☐   no ☐
2. L'edicola è accanto al supermercato.
   sì ☐   no ☐
3. Il distributore è di fronte alla stazione.
   sì ☐   no ☐
4. Il parcheggio è all'angolo.
   sì ☐   no ☐
5. I telefoni sono fra la
   farmacia e il teatro.   sì ☐   no ☐
6. La fermata dell'autobus è dietro
   l'ospedale.   sì ☐   no ☐

15 Dialogo scombinato

The answers to the questions below are not in the correct order. Put them in order to complete the conversation.

1. Sa che autobus va al mercato?   a. Sì, è proprio lì vicino.

2. E a quale fermata devo scendere?   b. No, mi dispiace, è meglio se chiede in piazza.

3. La fermata è nella piazza del mercato? c. Il 24.

4. E il mercato è lì vicino?   d. Alla quarta.

5. Sa se c'è anche una trattoria tipica? e. No, è davanti al Duomo.

In giro per l'Italia 5

16 Lessico

Look at the map and complete the information with the expressions in the boxes below.

① **Al primo, no anzi al secondo – attraversa – gira a destra – gira a sinistra – subito a sinistra – uno… due incroci – va dritto**

② **a destra – Continua dritto – davanti – gira a destra – la prima traversa – prima traversa gira a sinistra – va fino al semaforo**

1. ■ Mi scusi, che strada devo prendere per trovare l'ospedale?
   ▼ Lei esce dalla banca e gira _____,
   _____ per un po' e poi _____ una
   piazza. _____
   incrocio, _____, attraversa
   _____ e al terzo
   _____. E lì davanti trova l'ospedale.

2. ■ Scusi, come posso arrivare dall'hotel alla stazione?
   ▼ Lei esce dall'albergo, va subito _____, alla _____,
   _____ e poi _____. _____ e
   subito dopo _____ Lei è proprio _____ alla stazione.

stazione = numero 6   banca = numero 2   ospedale = numero 14

17 Lessico - Che ore sono?

Number the following times in chronological order, as in the example.

è mezzogiorno ( ) – sono le dodici meno dieci ( ) – sono le undici e un quarto ( ) – sono le undici e venticinque ( ) – è mezzanotte ( ) – sono le dodici meno venti ( ) – sono le undici e dieci (**1**) – sono le undici e trentacinque ( ) – sono le undici e mezza ( ) – sono le undici e tre quarti ( )

18 Pronuncia

a. Repeat the words. Pay particular attention to the pronunciation and how they are spelled.

CD 33
1. conosco – conosci
2. esco – esci
3. capisco – capisci

4. preferisco – preferisci
5. sciare – Ischia
6. esci – tedeschi

7. esce – tedesche
8. piscina – Peschici
9. scendere – bruschetta

b. Close the book, listen to the exercise again and write down the words on a piece of paper.

c. Read aloud the following sentences. Then listen to the recording and check your pronunciation.

CD 34
1. Francesca esce con due amiche tedesche.
2. Anche noi usciamo con amici tedeschi.
3. Conoscete Ischia?
4. Sul letto c'è il cuscino e nel bagno c'è l'asciugamano.

5. Marco va a sciare, Federica invece preferisce andare in piscina.
6. Prendiamo l'ascensore o scendiamo a piedi.

In giro per l'Italia

5

In albergo

1 Lessico

Find the words. The remaining letter will give you another word for "hotel".

parcheggiofrigobarpecucinansidocciaoariacondizionatancolazioneematrimoniali

Soluzione: _ _ _ _ _ _ _ _

2 Lessico

Now complete the advertisements with the words found above, as in the example.

Villa Mary: 32 camere con bagno o _____. Tutte con TV, telefono e
_____. *Parcheggio* privato.

Residenza Miramonti: 10 camere doppie o _____, tutte con bagno e
_____.

Albergo Bellavista: 35 camere singole e doppie. _____ compresa.
_____ tipica.

3 Cruciverba

It's a type of hotel. Write the correct words in the boxes and you will find the solution.

1. Camera per una persona.
2. Camera con un letto per due persone.
3. Posto per la macchina.
4. Sette giorni.
5. Il giorno dopo il sabato.
6. Camera con due letti.
7. Cappuccino, pane, marmellata e burro.

4 Dialogo scomposto

Match the parts of the questions. Write the letter C next to the customer's question and R next to the Receptionist's answer, as in the example.

Desidera una camera con ...   ... può mandare un fax? ( )
Avete ancora ...   ... c'è il televisore? ( )
Quanto ...   ... o senza bagno? (**R**)
A che nome ...   ... c'è il garage? ( )
Nella camera ...   ... devo registrare la prenotazione? ( )
Nell'albergo ...   ... una singola per questa sera? ( )
Per la conferma ...   ... viene la camera? ( )

5 Indicativo presente - Verbi servili

Complete the sentences as in the example.

1. Scusi,	può mandare	domani sera.
2. Io	volete fare	la stanza entro le 11.
3. I signori Mori	posso sapere	una mail o un fax.
4. Noi	voglio prenotare	quanto viene la stanza?
5. Per la conferma Lei	vogliono sapere	colazione in camera.
6. Voi	deve partire	quanto costa una stanza doppia.
7. Il Signor Redi	dobbiamo lasciare	una stanza per tre notti.

6 Presente indicativo - Verbi servili

*Complete the sentences conjugating the verbs in brackets in the **presente indicativo**.*

1. ■ *(voi - Volere)* _____ venire a cena da me stasera?

   ▼ Purtroppo non *(potere)* _____, siamo già occupati.

2. Marco e Tina non *(potere)* _____ uscire perché *(dovere)* _____ studiare.

3. *(Volere)* _____ il menù, signora?

4. ■ Signora Mocci, *(potere)* _____ inviarmi un fax?

   ▼ Mi dispiace ma non *(potere)* _____, il fax è rotto.

5. ■ *(io - Potere)* _____ chiamarti più tardi?

   ▼ Se *(volere)* _____ *(potere)* _____ chiamarmi verso le cinque.

6. Stasera *(io - volere)* _____ andare al cinema. *(voi - Volere)* _____ venire?

7. ■ Che cosa *(voi - dovere)* _____ studiare questo pomeriggio?

   ▼ *(noi - Dovere)* _____ studiare chimica.

8. ■ Franco, *(volere)* _____ venire al cinema con me oggi pomeriggio?

   ▼ Mi dispiace ma non *(potere)* _____, oggi *(dovere)* _____ lavorare fino a tardi.

9. ■ *(tu - Volere)* _____ un gelato o un caffè?

   ▼ *(Volere)* _____ un gelato grazie.

10. Signor Flamini se *(volere)* _____ arrivare puntuale all'aeroporto *(dovere)* _____ partire fra cinque minuti.

7 Presente indicativo

*Complete the dialogue conjugating the verbs in brackets in the **presente indicativo**.*

■ Ciao Carlo, sono Rosa come *(stare)* _____?

▼ Bene e tu?

■ Anch'io ... Senti, cosa *(fare)* _____ stasera? *(Volere)* _____ venire a cena a casa mia? *(Venire)* _____ anche Cinzia e Franco.

▼ Mmm... grazie per l'invito ma purtroppo non *(potere)* _____ venire. Domani *(avere)* _____ un esame molto difficile ed *(essere)* _____ meglio se questa sera *(restare)* _____ a casa a studiare. *(Dovere)* _____ finire di leggere un libro e memorizzare molti dati.

■ Che peccato! Forse *(potere)* _____ organizzare insieme qualcosa per il fine settimana, anche Cinzia e Franco *(volere)* _____ vederti. *(Essere)* _____ libero sabato o domenica?

▼ Allora... sabato *(andare)* _____ con la mia ragazza in campagna. Forse *(tornare)* _____ in città la sera ma non *(essere)* _____ sicuro perché Giulia, la mia ragazza, *(preferire)* _____ dormire fuori e partire domenica mattina presto. Non so... Comunque domenica Giulia ed io *(andare)* _____ a pranzo dai suoi genitori e poi lei *(volere)* _____ andare a vedere la mostra di Picasso alla Galleria Nazionale. Dopo i suoi genitori *(dovere)* _____...

▼ Va bene, va bene, *(vedere)* _____ che sei molto occupato con Giulia e con la sua famiglia ... e *(capire)* _____ che per te e la tua ragazza *(essere)* _____ difficile trovare cinque minuti per incontrare i tuoi vecchi amici. Io non *(volere)* _____ rovinare il tuo fine settimana. Carlo, tu *(conoscere)* _____ il mio numero di telefono... se *(volere)* _____, *(potere)* _____ chiamarmi nei prossimi giorni. Ciao.

■ Ma Rosa...

8 Lessico

Write under the pictures the word with the article. Then insert the words in the appropriate list, as in the example.

dormire: _____

viaggiare: _____

andare al bagno: _____

fumare: _____

scrivere: *il tavolo,* _____

9 Combinazioni

Match the phrases on the left with the parts on the right and reconstruct the sentences, as in the example.

1. È possibile   è tranquilla?
2. La camera   il frigobar non funziona.
3. Quanto viene   avere ancora un asciugamano?
4. Avrei un problema,   c'è il televisore?
5. Nella camera   la camera doppia?

10 Preposizioni articolate

Write next to the preposition with article, the simple preposition and its accompanying article.

AL   = $a + il$
DAL   = _____
NEL   = _____
NELLA   = _____
NELL'   = _____
SUL   = _____

11 Preposizioni articolate

Now complete the sentences with the prepositions with article from Exercise 10.

1. _____ bagno manca un asciugamano.
2. _____ camera 36 non c'è il televisore.
3. Quante camere ci sono _____ appartamento?
4. _____ prezzo è compresa la colazione.
5. La casa è a pochi metri _____ mare.
6. Andiamo _____ ristorante?
7. Avete ancora una camera con vista _____ mare?

12 Preposizioni articolate

Complete the sentences with the prepositions with articles.

1. (a) _____ prima traversa gira a sinistra e lì _____ angolo c'è la pizzeria. È proprio accanto _____ cinema.
2. (da) Desidero prenotare una camera singola _____ otto al quindici giugno.
3. (di) Avete un depliant _____ hotel con i prezzi _____ camere?
4. (su) Ho una bella camera con vista _____ piazza.
5. (in) L'albergo è _____ zona pedonale.
6. (a) Deve scendere _____ terza o _____ quarta fermata.
7. (di) La sera faccio una passeggiata per le strade _____ centro e guardo le vetrine _____ negozi.
8. (a) La farmacia è di fronte _____ edicola, accanto _____ banca.

13 Preposizioni articolate

Complete the sentences with the prepositions with article.

1. _____ tempo libero a Silvio piace dormire a lungo, andare _____ opera e _____ cinema.
2. Senta, chiamo _____ camera 27; _____ bagno mancano gli asciugamani.
3. L'appartamento è situato vicino _____ spiaggia a pochi metri _____ mare.
4. ■ A che ora parte il treno per Siena?
   ▼ _____ una e venti.
5. La Banca apre _____ 8:30 _____ 13:00.
6. ■ A che ora devo lasciare la stanza?
   ▼ _____ 10:00.

14 Preposizioni articolate
Choose the correct form.

1. **A/Alla** che ora comincia lo spettacolo? - **A/Alla** mezzanotte.
2. Scusi, chiude adesso il museo? - No, **a/al** mezzogiorno.
3. Il treno per Siena parte **a/alle** due? - No, **alle/all'** una e dieci.
4. La scuola comincia **alle/all'** otto.
5. Il prossimo autobus parte **a/alle** sette e un quarto.

15 Lessico
Complete the crossword by writing out the ordinal numbers in words, as in the example. If the answers are correct, 5 across will give you the name of a famous tourist village in the Dolomites.

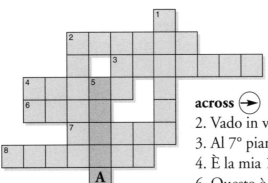

across →
2. Vado in vacanza la 4ª settimana di agosto.
3. Al 7° piano vado logicamente con l'ascensore.
4. È la mia 1ª vacanza da solo.
6. Questo è solo il mio 9° giorno di lavoro.
7. Il 3° posto letto è per il bambino.
8. È già la 2ª domanda che mi fai!

down ↓
1. Abito all'8° piano di una bella casa.
2. Il 5° mese dell'anno è maggio.

16 Lessico
Complete the sequences.

1. martedì, _____, giovedì, _____
2. maggio, _____, luglio, _____
3. domenica, sabato, _____, _____
4. dicembre, _____, ottobre, _____
5. gennaio, _____, marzo, _____
6. _____, settimana, _____, anno
7. primo, _____, _____, quarto
8. undicesimo, _____, _____, ottavo
9. _____, estate, _____, inverno

In albergo

6

17 Lessico

Which verbs do we use with these words?

bene	molti amici	impiegato	al cinema	la spesa	in palestra	male

un appartamento	stanco	una camera	una passeggiata	a casa	una singola

italiano	ven'anni	in bicicletta	fame	sport

ANDARE

_____

_____

_____

_____

AVERE

_____

_____

_____

_____

ESSERE

_____

_____

_____

_____

FARE

_____

_____

_____

_____

PRENOTARE

_____

_____

_____

_____

STARE

_____

_____

_____

_____

18 Lessico

Complete the fax with the missing words.

al	balcone	dal	prenotazione	saluti	singola	vorrei

Confermo la _____ di una camera _____ con bagno _____ 28
settembre _____ 3 ottobre. _____ una camera con _____ e
con televisore.
Distinti _____
Giorgio Santi

19 Pronuncia

a. Repeat the words. Pay particular attention to the pronunciation and how the words are spelled.

bagno – anno	lasagne – panna	tovaglia – Italia
Sardegna – gennaio	bottiglie – mille	voglio – olio
montagna – Anna	famiglia – tranquilla	giugno – luglio

b. Close the book, listen to the exercise again and write the words down on a piece of paper.

20 Ricapitoliamo

Write to a hotel to book a room. State exactly what you want in terms of room and services.

Test 2

1 Presente indicativo   ..../12

Complete the text with the missing verbs. The verbs are in the correct order.

> andare   avere   finire   partire   dormire   mangiare   restare   leggere
>
> preparare   essere   fare   lavorare

Nel fine settimana Franca e Mario _____ spesso in campagna. _____ una piccola casa vicino a Firenze, in un paese che si chiama Vinci. Generalmente il venerdì _____ di lavorare verso le 5 di pomeriggio e _____ subito. Durante il sabato e la domenica _____ e _____ molto. Mario _____ a casa, _____ e _____ piatti tradizionali della cucina toscana. Franca invece _____ più attiva; il sabato generalmente _____ lunghe passeggiate e la domenica _____ in giardino.

2 Aggettivi   ..../8

Read these texts and circle the correct adjective.

> ### FIRENZE - PIAZZA DELLA SIGNORIA
> Questa piazza è il cuore **politico/politiche** della città. La piazza ha una **strano/strana** forma ad "L". Il suo nome deriva dal **principale/principali** monumento nella piazza: il Palazzo della Signoria del 1300. La piazza non è solo il centro **civile/civili** della città ma è anche un **grande/grandi** museo: nella Loggia dei Lanzi si trovano 15 statue **antica/antiche**. Davanti al Palazzo si trova invece una copia della **famoso/famosa** statua **rinascimentale/rinascimentali** del David di Michelangelo.

3 C'è e *ci sono*   ..../5

*Complete the text with **c'è** or **ci sono**.*

> ### LA CITTÀ DI MARZAMEMI
> Marzamemi è un piccolo paese della costa orientale della Sicilia. Nella piazza centrale _____ due chiese dedicate a San Francesco e _____ anche il Palazzo di Villadorata, costruito nel 1752. In estate a Marzamemi _____ molti turisti che vengono qui per passare una vacanza tranquilla in un posto antico. Vicino al porto _____ alcuni ristoranti molto buoni e la sera, nella strada principale _____ sempre molta gente che passeggia o beve qualcosa in un bar.

4 Preposizioni

Read this letter and circle the correct preposition.

Cara Carla,

sono **a/in** Londra. Sono arrivata 15 giorni fa e resto qui **tra/per** altre tre settimane. Finalmente sono **in/nella** vacanza. Abito **per/in** un piccolo appartamento vicino **a/di** Leicester Square. **In/Nell'**appartamento abitano anche una ragazza turca e due ragazze francesi, due sorelle. Da due giorni c'è la mamma **delle/dei** ragazze, non c'è posto per lei, e così dorme **sul/sull'** divano **nel/dal** salotto. Mi piace stare in questa casa ma adesso ci sono un po' troppe persone. Comunque io passo la maggior parte **dal/del** tempo fuori casa. **Nei/Nel** musei (sono tanti e gratuiti), **allo/al** parco o **in/nell'** piscina. E tu come stai? Come va la vita **sulla/nella** nostra piccola città di provincia?

Ciao

Susy

5 L'ora e gli orari

..../10

Complete the following sentences with the missing words.

1. (10:30) Sono le dieci e _____

2. (12:00) ■ Che ore sono?

   ▼ _____ mezzogiorno.

3. (15:15) Sono le quindici e _____

4. (12:00) Ci vediamo _____ mezzogiorno.

5. (9:00 - 13:00) Lavoro _____ nove _____ una.

6. (10:50) Sono _____ undici _____ dieci.

7. (17:25) Il treno arriva _____ cinque _____ venticinque.

6 Riscrittura

..../16

Rewrite the following text changing it from first person singular to third person singular.

Mi chiamo Anna, ho 22 anni e vado all'università. Studio Archeologia, sono al terzo anno e tra un mese devo fare un esame molto difficile: Storia Romana. Ho un po' paura, perché questo semestre lavoro come assistente del professore e non posso studiare tanto.

Studio sempre insieme a un amico, Antonio. Per questo esame dobbiamo scrivere una relazione sulla politica economica dell'imperatore Nerone. Vogliamo assolutamente avere un buon voto, per questo passiamo tutto il tempo in biblioteca a studiare.

La sera quando usciamo dalla biblioteca siamo così stanchi che non possiamo pensare o parlare, e io voglio solo andare a casa a dormire.

Si chiama Anna...

Test 2

Un fine settimana

1 **Lessico**

Read sentences 1-6, then complete the sentences a.-f with the name of the appropriate person.

1. Luisa non sta bene.
2. Luciana ha un bambino.
3. Giovanni è sportivo e ama la montagna.
4. Anche Silvio è dinamico e sportivo.
5. Linda ama la buona cucina.
6. Maria è stressata.

a. _____ fa il giro della Lombardia in bici.
b. _____ preferisce il programma con serate gastronomiche.
c. _____ cerca solo il silenzio e la natura.
d. _____ vuole passare una settimana in un centro benessere.
e. _____ controlla se al villaggio c'è il campo giochi.
f. _____ desidera fare delle escursioni con una guida alpina.

2 **Lessico**

Complete the text with the following nouns, then check what you have written at page 81 of the Textbook.

alloggio	cucina	pensione	pernottamenti	viaggio	voli
centro	dintorni	pensione	serate	servizio	visita

a. Lago di Garda e Arena di Verona – _____ in autobus – sei _____ in hotel ★★★ con piscina a Bardolino – 2 spettacoli – a Verona _____ guidata – partenze ogni martedì e giovedì

b. Montegrotto Terme – settimana in _____ benessere – reparto cure – idroterapia termale – yoga – massaggi – sauna e ginnastica – piscina – diete

c. Assisi – settimana di meditazione in convento – _____ completa – passeggiate in montagna e nei _____ – a scelta corsi di restauro libri

d. Club Valtur Sardegna – _____ giornalieri da Roma e da Milano – _____ in bungalow a pochi metri dal mare – pensione completa – animazione – tennis – diving – _____ baby sitting

e. Lombardia in bici – da Milano a Milano con soste e visite guidate a Pavia, Vigevano, Cremona e Parma – tappe giornaliere di circa 40 km – _____ gastronomiche

f. Corvara (BZ) – mezza _____ in albergo a gestione familiare – _____ tipica – escursioni sulle Dolomiti con guida alpina – minigolf

3 Passato prossimo

*Complete the tables with the infinitive or the **passato prossimo** of the verb.*

infinito	passato prossimo con AVERE
dormire	
	ho avuto
passare	
	ho guardato
	ho pranzato
preferire	
credere	

infinito	passato prossimo con ESSERE
	sono arrivato/arrivata
andare	
crescere	
	sono salito/salita
entrare	
	sono tornato/tornata
uscire	

4 Passato prossimo

How many combinations are possible? Make as many sentences as you can.

1. Maria   hanno fatto   a lungo.
2. Noi   è stata   al cinema.
3. Enrico   ho dormito   a casa a mezzanotte.
4. Alessia   sono tornate   al museo.
5. Matteo e Paola è andato   un giro in barca.
6. Io   abbiamo guardato   un momento libero.
7. Federica e Roberta non ha avuto   la TV.

5 Passato prossimo

*Classify the verbs according to the form of the **passato prossimo**.*

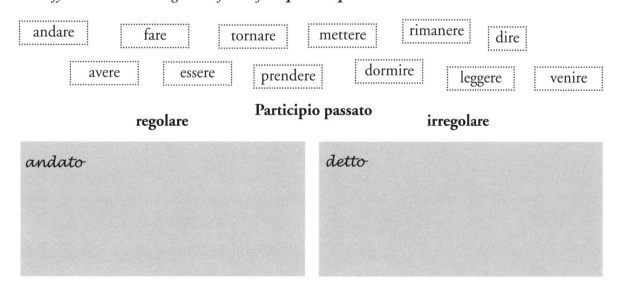

| andare | fare | tornare | mettere | rimanere | dire |

| avere | essere | prendere | dormire | leggere | venire |

Participio passato

regolare   irregolare

| andato | detto |

6 Passato prossimo
Complete the e-mail with the past participles of the following verbs.
The verbs are in the correct order.

venire	rimanere	vedere	dire	cambiare	prendere	pensare

fare	essere	arrivare	entrare	visitare	essere	leggere

Ciao Daniela,

sono a Capri con Michele, siamo _____ a trovare Carlo per un fine settimana, ma alla fine siamo _____ qui per una settimana. Ieri sulla spiaggia ho _____ tuo fratello con la sua nuova ragazza, è molto simpatica. Mi ha _____ che hai _____ lavoro e ti trasferisci a Milano. Hai _____ già un appartamento lì? Un'amica di mia madre ha un'agenzia immobiliare a Milano, e ho _____ che forse può aiutarti.

Comunque, Capri è splendida, ieri abbiamo _____ una passeggiata sul monte Solaro su un bellissimo sentiero a picco sul mare. È _____ una passeggiata faticosa, ma alla fine siamo _____ a una bellissima chiesa, Santa Maria a Cetrella, da dove c'è una vista bellissima. Oltre a goderci il panorama, siamo _____ nella chiesa e abbiamo _____ l'interno. Siamo _____ fortunati, perché è aperta solo il sabato.

Fammi sapere se vuoi il numero dell'amica di mia madre.

Ciao

Teresa

PS: hai _____ l'ultimo libro di Melania Mazzuco? Io l'ho finito ieri, è molto bello.

7 Passato prossimo
*Complete the forms of the **passato prossimo** choosing between the auxiliary verbs **avere** and **essere**.*

In tutta la sua vita Paolo _____ sempre viaggiato molto.

Ieri _____ partito per Venezia verso le 8 ed _____ arrivato tre ore dopo. Prima _____ andato in albergo, poi a vedere Piazza S. Marco dove _____ visitato la basilica, _____ fatto un po' di fotografie e _____ mangiato qualcosa in un bar. Il pomeriggio _____ tornato in albergo, da dove _____ telefonato a Flavia. _____ dormito un'oretta e poi _____ uscito di nuovo per andare a vedere una mostra. Lì _____ incontrato un'amica e _____ cenato con lei.

Flavia, invece, non ama viaggiare. La sua giornata tipica? Quella di ieri.

Ieri Flavia _____ stata a casa da sola tutto il giorno. La mattina _____ dormito a lungo, poi _____ ascoltato un po' di musica, _____ studiato un'oretta e a mezzogiorno _____ mangiato un panino davanti alla TV. Il pomeriggio _____ parlato al telefono con Paolo. Verso le 6 _____ uscita, _____ fatto un giro in città con un'amica e insieme _____ guardato le vetrine.

Insomma, tutto il tempo senza fare niente di particolare.

Un fine settimana

7

8 Passato prossimo

Complete the dialogue between Davide and Daniela conjugating the verbs in brackets in the **passato prossimo**.

Dav.   Allora, Daniela, dove *(essere)* _____ _____ il fine settimana?

Dan.   Io? A Bolzano.

Dav.   Ah, e cosa *(fare)* _____ _____ di bello?

Dan.   *(Visitare)* _____ _____ un museo, *(pranzare)* _____ _____ in un locale tipico,
       (andare) _____ _____ al cinema. E tu?

Dav.   Anch'io *(passare)* _____ _____ due giornate splendide e intense.

Dan.   Ah, si? Perché, dove *(andare)* _____ _____?

Dav.   A Stromboli e *(fare)* _____ _____ molte cose: *(salire)* _____ _____ sul vulcano,
       (fare) _____ _____ un giro in barca, poi *(stare)* _____ _____ in spiaggia.
       E sai, *(dormire)* _____ _____ all'aperto.

9 Frasi scombinate

Put the sentences in order.

1. momento / un / non / ho / libero / avuto
2. ieri / passato / Guglielmo / giornata / intensa / ha / una / molto
3. hanno / in / ristorante / pranzato / un / tipico
4. Serena / studiato/ a / ha / Londra
5. Andrea /cinema / stati / ieri / sono / non / al / Maria / e
6. non / oggi / dormito / Giuliano / bene / ha
7. è / Pavarotti / Carla / andata / a / vedere / Teatro dell'Opera / al
8. in / siamo / Portogallo / andati / luglio / a

10 Passato prossimo

Complete the conversations conjugating the following verbs in the **passato prossimo**.
The verbs are in the correct order.

rimanere	andare	fare	prendere	andare	passare	essere	vedere
leggere	ascoltare	fare	rimanere	lavorare	mettere	cucinare	stirare

1. ■ Franco, ieri _____ _____ a casa?
   ▼ No, _____ _____ al lago con Marta.
   ■ E poi che cosa _____ _____ di bello?
   ▼ _____ _____ il sole e _____ _____ in barca.

2. ■ E Lei signora, dove _____ _____ il fine settimana?
   ▼ _____ _____ a Bologna.
   ■ E cosa _____ _____ di interessante?
   ▼ La pinacoteca.

3. ▼ (Tu -) _____ _____ il giornale oggi?
   ■ No, ma _____ _____ il giornale radio.

4. ■ Valeria, cosa _____ _____ ieri?
   ▼ _____ _____ a casa e _____ _____ tutto il giorno.
   Prima _____ _____ in ordine la casa, poi _____ _____ e il pomeriggio _____ _____ .

11 Passato prossimo

*Complete the sentences conjugating the verb in brackets in the **passato prossimo**.*

1. Una mia amica *(fare)* _____ un corso di giapponese a Tokio.
2. Dopo cena Luigi e Marta *(tornare)* _____ a casa.
3. Anita *(visitare)* _____ la Chiesa di S. Marco.
4. Giovanna *(andare)* _____ in bicicletta tutto il giorno.
5. Valentina *(lavorare)* _____ come operaia per cinque anni.
6. Ieri *(io - dormire)* _____ molto male.
7. Questa estate *(noi - stare)* _____ al mare.
8. Teresa, quando *(essere)* _____ negli Stati Uniti?
9. *(tu - Dire)* _____ a Pia che Marco *(partire)*
   _____ ?
10. La turista *(uscire)* _____ dall'albergo, *(attraversare)*
    _____ una piazza, *(andare)* _____ ancora avanti e
    alla fine *(trovare)* _____ l'ufficio postale.

12 Espressioni di tempo

Put the following time expressions in chronological order, as in the example.

domani a mezzanotte ( ), l'anno prossimo ( ), la settimana scorsa ( ), questo pomeriggio ( ), l'altro ieri ( ), un anno fa (**1**), stamattina ( ), il mese scorso ( ), ieri ( ), stasera ( ), domani mattina ( ), tre mesi fa ( ), oggi a mezzogiorno ( )

13 Espressioni di tempo

Insert in the table the time expressions which logically complete the sequence.

		oggi	domani	dopodomani
stamattina	....	....	stanotte	
....	domani pomeriggio	domani sera	....	
ieri mattina	....	....	....	
la mattina	....	la sera	....	
un anno fa	....	una settimana fa	....	
la settimana scorsa	....			
....	sabato prossimo			

48 | ESERCIZI-LEZIONE 7

14 Lessico

Complete the conversation with the expressions on the right.

è brutto	fa caldo	fa freddo	vento	piove

■ Qui a Roma oggi c'è un bel sole e _____.

▼ Invece qui a Trieste il tempo _____.

■ _____?

▼ No, ma c'è molto _____ e _____.

15 Avverbi di tempo

*Match the questions with the appropriate answers and complete them using **ancora**, **appena** or **già**.*

1. Vuoi venire a vedere il film di Benigni?
2. Che pensi della mostra di Caravaggio?
3. Hai parlato con mamma?
4. Allora ci vediamo stasera?
5. Tutto a posto per il nostro viaggio a Capri?

a. No, purtroppo non ho _____ finito la relazione per domani.

b. Sì sì, ho _____ comprato i biglietti del traghetto su internet.

c. No, l'ho _____ visto.

d. Non so, non sono _____ andata a vederla.

e. No, non _____, sono _____ tornato a casa.

16 Ci vuole - ci vogliono

*Complete with **ci vuole** or **ci vogliono**.*

1. ■ Quanto _____ per arrivare a Sperlonga?

   ▼ _____ circa un'ora.

2. Per arrivare in Italia _____ circa dieci ore di aereo.

3. Per visitare Roma con calma _____ un paio di settimane.

4. ■ Quanti anni _____ per finire il master?

   ▼ _____ solo un anno.

Vita quotidiana

1 Dialogo scomposto
Giacomo's morning. Put the following phrases in chronological order.

( ) il bus, perché la scuola ha inizio
( ) a casa, mangio e
(**1**) Alle 7 mi sveglio, ma
( ) delle sette e mezza. Poi vado
( ) faccio una bella colazione con
( ) Alle otto meno un quarto parto con
( ) alle 8 esatte. Ho cinque ore di lezione,
( ) mi riposo un po'.
( ) non mi alzo mai prima
( ) in bagno, mi lavo, mi vesto e poi
( ) pane, burro e marmellata.
( ) fino all'una, poi torno

2 Riscrittura - Verbi riflessivi
a. Rewrite the text using the third person singular.

[…] mi diverto molto e poi ho tanto tempo libero e la mattina posso svegliarmi con calma e restare un po' a letto a leggere. In genere mi alzo verso le 9 e mezzo, faccio una bella colazione, pulisco un po' casa, e poi mi preparo ed esco a fare la spesa.
[…] ***si diverte*** molto..
....
....
....

b. Rewrite the text using the first person singular.

Anna invece lavora come una matta, si alza alle 6 di mattina, si lava e si veste in fretta, beve un caffè, e alle sette è già sulla metropolitana. Non torna mai prima delle 8 di sera. Si stanca molto al lavoro, ma è molto soddisfatta.
Io invece ....
....
....
....
....

3 Verbi riflessivi

*a. Write a text in the first person singular. If you wish you can also use **prima**, **poi**, **di solito**, **a volte**, **sempre**, **spesso**, etc.*

7.00	svegliarsi
7.10	alzarsi, lavarsi e vestirsi
7.30	fare colazione
8.00	uscire di casa e andare in banca, dove lavorare
8.30	cominciare a lavorare
13.00-14.00	fare una pausa per il pranzo
17.00	finire di lavorare e tornare a casa
17.30	riposarsi un po'
20.00	cenare, guardare la televisione o leggere un po'
23.00	andare a letto

La mattina ......

b. Now rewrite the text in the third person singular.

La mattina Luca ......

4 Verbi riflessivi

Giovanni's morning. Complete the text with the verbs in the first person singular. The verbs are not in the correct order.

alzarsi	andare	avere	cominciare	essere	essere	lavorare	riposarsi	tornare

Giovanni racconta: _____ panettiere. La mattina _____ presto perché _____ a lavorare alle quattro. Di solito _____ fino all'una. Dopo il lavoro _____ a casa e _____ un po'. Il pomeriggio _____ libero e _____ tempo per la famiglia. La sera _____ a letto presto.

5 Verbi riflessivi

Complete the text using the following verbs. Use the present or the past tense where necessary. The verbs are not in the correct order.

alzarsi	andare	andare	andare	cominciare	dormire	essere	fare	fare	fare
fare	finire	lavorare	mettersi	passare	pranzare	prendere	tornare		

Pierluigi _____ come rappresentante. Di solito la mattina _____ presto, verso le sei e mezza, _____ una tuta e _____ a fare un po' di jogging. Quando _____ a casa _____ la doccia, la colazione e poi _____ al lavoro. Verso l'una _____ una pausa per il pranzo, alle due _____ nuovamente a lavorare e non _____ mai prima delle sette. Così la sera _____ sempre molto stanco e, dopo una cena molto veloce, _____ subito a dormire. Ma ci sono giornate particolari. Ieri, per esempio, Pierluigi _____ fino alle dieci. Non _____ sport, non _____ la macchina, _____ solo due passi con Valentina, _____ con lei e _____ tutto il pomeriggio a casa davanti alla TV.

6 **Lessico**

Greetings and salutations. Complete the expressions.

Tanti	bocca al lupo!
Vivissime	notte!
Buon	Natale!
Buona	anno!
Buone	appetito!
In	affettuosi auguri!
	felicitazioni!
	vacanze!
	viaggio!
	sera!
	giorno!
	compleanno!

7 **Lessico**

What do you say…

1. … ad una persona che compie gli anni?

2. … ad una persona che parte per le vacanze ?

3. … a Natale?

4. … a Capodanno?

5. … a Pasqua?

8 **Aggettivi possessivi**

Change the singular into the plural as in the example.

1. Il mio cappello è nuovo.   *I miei cappelli sono nuovi.* _____

2. La tua casa è grande.   _____

3. Il tuo cane è fedele.   _____

4. La tua amica è inglese.   _____

5. Il tuo appartamento è piccolo.   _____

6. La mia macchina è veloce.   _____

7. La mia chitarra è nuova.   _____

8. La tua valigia è pesante.   _____

Vita quotidiana

8

9 Aggettivi possessivi
Complete each sentence with the appropriate possessive adjective.

1. Passo sempre il Natale con la _____ famiglia.
2. Torno nel _____ paese a Pasqua per vedere i _____ fratelli.
3. Vai al cinema con le _____ amiche domenica?
4. Tu devi passare più tempo con i _____ figli.
5. Invito spesso a cena i _____ amici.
6. Io e le _____ figlie la domenica pranziamo sempre con i _____ genitori.
7. Che regalo vuoi per il _____ compleanno?
8. Hai invitato i _____ colleghi al _____ matrimonio?
9. Per San Valentino andiamo a cena nel _____ ristorante preferito.
10. Voglio presentarti la _____ fidanzata.

10 Aggettivi possessivi
Complete the sentences with the article and the possessive adjective.

Le tu**e** valigie sono pesanti.

1. _____ mi__ amiche sono simpatiche.
2. _____ tu__ vestiti sono eleganti.
3. _____ tu__ medicine sono sul tavolo.
4. _____ mi__ bicicletta è rossa.
5. _____ mi__ colleghi sono simpatici
6. _____ tu__ amico parla italiano?
7. _____ mi__ famiglia vive in Francia.
8. _____ tu__ macchina è vecchia.
9. _____ tu__ piante sono molto belle.
10. _____ mi__ professore si chiama Carlo.

11 Pronuncia

CD 44

*a. Do you hear **t** or **tt**?*

	1	2	3	4	5	6
t	☐	☐	☐	☐	☐	☐
tt	☐	☐	☐	☐	☐	☐

*b. Do you hear **p** or **pp**?*

	1	2	3	4	5	6
p	☐	☐	☐	☐	☐	☐
pp	☐	☐	☐	☐	☐	☐

*c. Do you hear **m** or **mm**?*

	1	2	3	4	5	6
m	☐	☐	☐	☐	☐	☐
mm	☐	☐	☐	☐	☐	☐

*d. Do you hear **n** or **nn**?*

	1	2	3	4	5	6
n	☐	☐	☐	☐	☐	☐
nn	☐	☐	☐	☐	☐	☐

e. Listen to all the words again and write them down on a piece of paper.

La famiglia

1 **Lessico**

The family tree – Complete the text with the names of the relationships. Put together the letters in the grey boxes and you will find the answer to the final question.

Arianna, Teresa e Ada sono le __ __ ■ __ __ ■ di Savina.

Pia e Giorgio sono ■ __ __ __ __ __ di Sandra e __ __ __ __ ■ __ __ __ di Paolo.

Ada e Giovanni sono i __ __ __ __ __ __ ■ __ di Luigi; Arianna e Teresa le __ __ __ ,

Savina e Arnaldo i __ ■ __ __ __ e Marco il __ __ __ __ __ __ . Giovanni è il

__ __ __ __ __ __ di Ada e Ada è la __ __ __ __ __ __ di Giovanni.

Luciana è la __ __ __ __ __ __ di Arianna. E cos'è Giovanni per Arnaldo?

Soluzione: È il ■ ■ ■ ■ ■ ■ .

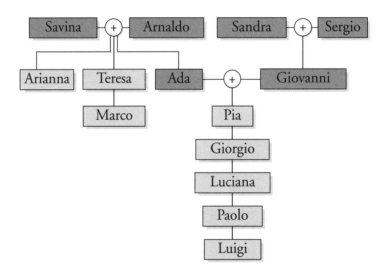

2 **Lessico**

Insert in the table the names of the relationships corresponding to the following definitions. At the end of the vertical grey line you can read the word which in Italian means "sister's husband" or "wife's brother".

1. Il padre del marito
2. Il figlio del figlio
3. La figlia della zia
4. La mamma della madre
5. Il marito della madre
6. Il figlio della sorella
7. Il fratello della madre

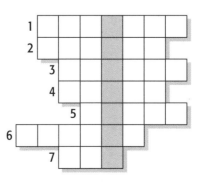

3 Dialogo scombinato

Put the conversation into the correct order.

1. Vivi da solo?

___ Più grandi o più piccoli di te?

___ Sì, e tu?

___ Ah. E vivono da soli o con i tuoi?

___ E hai fratelli?

___ Io ho un fratello e una sorella.

___ Mia sorella è più grande e mio fratello più piccolo.

___ Anch'io. I miei vivono a Lucca.

___ No, sono figlia unica. E tu?

___ Mio fratello vive da solo, mia sorella, invece, vive ancora con i miei.

4 Combinazioni

Read the text of Activity 5 again (lesson 9 of the Textbook) and match the person on the list on the left with two of the phrases from the list on the right.

porta la barba. (a)

si è laureato da poco. (b)

ha sposato la sorella di Dario. (c)

1. Andrea   ha due figli. (d)

2. Franco   qualche volta va in palestra. (e)

3. Dario   non è riuscito a finire gli studi. (f)

4. Mara   ha sposato Andrea. (g)

5. Gianni   è andato a vivere in un'altra città. (h)

non ha notizie dell'amico da molto tempo. (i)

è una persona in gamba. (l)

5 Aggettivi possessivi

Complete the sentences with the last letters of the possessive pronouns and, where required, with the definite articles.

1. _____ nostr__ amici ci hanno invitato al mare.

2. Tu__ sorella vive ancora a Londra?

3. Se vuoi ti regalo _____ mi__ bicicletta, tanto io non la uso più.

4. _____ tuo__ occhiali sono sul tavolo, li vedi?

5. Quando arrivano _____ vostr__ genitori?

6. No, Gianni non è su__ marito, è _____ su__ compagno!

7. Venite, vi faccio vedere _____ vostr__ stanza.

8. _____ mie__ zii si sono trasferiti in campagna.

9. Sei sicura che questa è _____ su__ macchina?

10. Scusa, questi guanti sono _____ tuo__ o _____ mie__?

La famiglia • 9

6 Aggettivi possessivi

Complete the table changing the phrases from singular to plural and vice versa.

<u>*la mia amica*</u>	le mie amiche
la nostra vacanza	_____
suo zio	_____
_____	i loro alberghi preferiti
la vostra scuola	_____
il nostro insegnante	_____
_____	i miei compagni di corso
_____	le tue vacanze
sua sorella	_____
_____	le vostre colleghe
il loro problema	_____

7 Combinazioni

Make sentences by matching the phrases in the two columns and choosing the correct possessive adjective.

1. Carla è la mia	cugine preferite.
2. Sandra e Lucia sono le mie	madre?
3. Questo è il tuo	**amica preferita.**
4. Ma quella non è tua	genitori.
5. Conosci già le mie	fidanzato?
6. Ieri abbiamo incontrato i nostri	cugino.
7. Non conosco ancora i tuoi	sorelle?
8. Silvano è il loro	amici.
9. Ti presento i miei	cognato.
10. Domani arriva mio	nonni.

8 Aggettivi possessivi

Complete the text with the possessive adjectives and, where necessary, with the definite articles.

Matteo racconta: «_____ madre ha 43 anni e lavora part-time nella libreria di _____ sorella, (_____ zia). _____ padre, invece, è impiegato presso una ditta di computer. Sono figlio unico, però questo per me non è mai stato un problema, forse perché ho sempre potuto giocare con _____ cugini. _____ madre e _____ sorelle sono sempre state molto legate, così io e _____ cugini siamo cresciuti insieme.»

9 Aggettivi possessivi
Complete the text with the possessive adjectives and, where necessary, with the definite articles.

La famiglia di Paolo non è molto grande. Purtroppo _____ nonni non ci sono più e nemmeno _____ genitori. Ha quattro fratelli, due zie ed un solo cugino. _____ fratelli Giorgio e Luigi sono medici ed abitano a Ferrara; _____ sorella Pia e _____ marito vivono a Trento con _____ figlia; l'altra sorella, Luciana, insegna in Germania dove abita con _____ famiglia. Paolo ha due figli. _____ figlio Giacomo si è laureato da poco in matematica, mentre _____ figlia Serena studia biotecnologia a Verona. Lui è commerciante e _____ moglie lavora all'Ufficio Imposte.

10 Combinazioni
Form sentences matching the words and phrases in the three columns.

Luca e Daniele	ci siamo incontrati	in ingegneria due settimane fa.
Mia sorella	vi siete alzati	per caso in treno!
Roberto	si sono trasferiti	perché la sorella gli ha preso la macchina.
Voi	si è sposata	presto questa mattina.
Io e Claudio	mi sono laureata	con un mio compagno di classe.
Io	si è arrabbiato	in campagna.

11 Verbi riflessivi - Passato prossimo
*Complete the sentences with the following verbs conjugated in the **passato prossimo**.*
The verbs are not in the correct order.

sposarsi	prendere	cambiare	svegliarsi	andare	dedicarsi	riuscire

incontrarsi	arrabbiarsi	riposarsi	sentirsi	laurearsi	divertirsi	perdere

1. Dario non _____ a finire gli studi.
2. Mio nonno _____ per molti anni al giardinaggio.
3. È stata veramente una splendida vacanza: ho letto, ho nuotato, ho preso il sole, insomma, _____!
4. Stamattina Patrizia _____ la macchina perché _____ tardi e _____ il treno.
5. Ho sentito che Rosa e Alfredo _____ a teatro insieme sabato sera.
6. Tu e Giacomo _____ in chiesa?
7. Senta, Le do il mio nuovo indirizzo perché _____ casa.
8. Scusa, e tu _____ con Sandra solo perché è arrivata con un'ora di ritardo?
9. Gloria _____ l'anno scorso in matematica.
10. Ieri non _____ bene, ho avuto un forte mal di testa.
11. Giulia e Giovanna _____ tantissimo alla festa di Andrea.
12. Carla e Pietro _____ a Piazza Verdi e poi sono andati al cinema.

12 Riscrittura - Passato prossimo

*Rewrite the following text in the third person singular changing the tense from the **presente indicativo** to the **passato prossimo**.*

«Il sabato mi sveglio tardi (mi alzo verso le 11), mi metto una tuta e vado a correre per circa trenta minuti. Torno a casa, mi lavo, mi vesto e faccio due passi in città. Vado al centro per incontrare i miei amici. Poi verso le 13:00 torno a casa e pranzo con i miei genitori. Il pomeriggio resto a casa: leggo un po' e poi mi dedico alla musica, suono il pianoforte. La sera esco e vado al cinema»

Ieri Franca _____

_____

_____

_____

_____

_____

13 Passato prossimo

*Complete the letter conjugating the verbs in brackets into the **passato prossimo**.*

Caro Giorgio,
qui va tutto bene, *(trasferirsi)* _____ a Roma da un mese. Abito con mio fratello Edoardo. Vi *(dire)* _____ che la sua ragazza aspetta un bambino? All'inizio *(preoccuparsi)* _____, perché sono ancora tanto giovani. Poi ho pensato che Edoardo ha ventidue anni, ma è molto maturo: *(cominciare)* _____ a lavorare subito dopo il liceo, a vent'anni *(comprare)* _____ una casa, l'anno scorso lui e Teresa *(andare)* _____ a vivere insieme e sono una bellissima coppia. Insomma, loro sono molto tranquilli e felici e anch'io ora mi sento molto tranquilla e felice per loro. Ho cominciato i corsi all'università la settimana scorsa. Alla fine *(cambiare)* _____ idea, *(iscriversi)* _____ a Ingegneria. Mamma *(arrabbiarsi)* _____ moltissimo, dice che sono troppo impulsiva.
Rocco, il ragazzo che *(venire)* _____ con me a cena a casa vostra quest'estate, l'ho visto ieri sera. *(Andare)* _____ al cinema insieme. Sta bene e vi saluta, dice che *(divertirsi)* _____ tanto con voi e spera di rivedervi presto. Io e lui *(vedersi)* _____ spesso in questi mesi, *(tenersi)* _____ per mano, *(darsi)* _____ qualche bacio, ma non lo so ancora se è vero amore.
Vi faccio sapere.
Ora che finalmente tu e Anna *(trovare)* _____ casa e *(sistemarsi)* _____, magari vengo a passare qualche giorno con voi a Londra.

Tanti baci

Barbara

14 Passato prossimo

*Complete the letter with the following verbs conjugated in the **passato prossimo**. The verbs are in order.*

stupirsi	venire	essere	commuoversi	mettersi	andare	divertirsi	conoscere

chiacchierare	invitare	riuscire	essere	sentirsi	finire	sapere	ricordarsi

Ciao Dario,
ieri sono andata al matrimonio di Andrea e _____ molto di non trovarti lì.
Perché non _____? _____ una bella cerimonia, semplice
ma molto emozionante. Naturalmente _____ e _____ a
piangere come una scema. Dopo la cerimonia _____ tutti al ricevimento
in un bellissimo casale di campagna. _____ un sacco, e poi abbiamo mangiato benissimo. Finalmente _____ i fratelli di Andrea. Sua sorella Silvia è
molto simpatica, _____ per ore, e alla fine mi _____ a cena
a casa sua per la settimana prossima. Suo fratello è molto carino e gentile, ma un po' timido,
non _____ a parlargli granché. Insomma, _____ una bella
giornata, l'unico problema è che ho mangiato veramente troppo, e la sera
_____ male.
Allora, ho sentito che tu e Giulia finalmente _____ di scrivere la tesi.
_____ la data della vostra laurea? Mi raccomando, fammi sapere quando è,
voglio assolutamente esserci.
A presto
Baci
Fernanda

P.S. _____ di chiamare Renata per il suo compleanno?

15 Lessico

Complete the e-mail with the following expressions.

altri Paesi europei	di fatto	famiglia di origine	i mammoni	la coppia

verso i 27 anni	una volta alla settimana	un fenomeno

Caro Giulio,
ti interessa ancora quell'articolo di quei due sociologi? Se vuoi te lo invio per posta, comunque
te ne faccio una sintesi via mail. Dunque, il tema è quello dei "figli cronici", quelli che restano
legati alla _____, _____ insomma. Secondo i due
questo è _____ tipicamente italiano, perché gli italiani vanno a vivere da soli
in media _____ (scrivono che la cosa non succede
negli _____), telefonano ai genitori almeno _____, li
incontrano spesso. Però aggiungono che _____ non è più quella di una
volta, perché ad esempio ci sono anche le famiglie _____.
Spero di esserti stata utile.
Bacio
Francesca

Test 3

1 Passato prossimo ..../44

Complete the text with the missing verbs. The verbs are in the correct order.

> passare andare fare partire comprare essere parlare ascoltare cantare arrivare trovare
> visitare andare vedere fare andare passare prendere stare leggere fare rimanere

Cara Michela, come stai?

Come _____ le vacanze? Dove _____?

Io _____ un bellissimo viaggio a Napoli, con Carlo e Maria.

_____ insieme da Firenze con la macchina di Carlo, una vecchia Fiat Panda che

Carlo _____ 5 anni fa; lui dice che è una bomba ma in realtà non è molto veloce. Il viaggio però _____ molto divertente: _____ tanto e poi _____ tantissima musica e _____. _____ a Napoli di notte ma _____ un albergo senza difficoltà, vicino al mare. Napoli è una città molto interessante.

I miei amici ed io _____ tantissimi monumenti, piazze, palazzi e naturalmente _____ anche a Pompei. È un posto bellissimo: _____ gli antichi palazzi romani, il teatro, lo stadio; Maria ed io _____ tantissime foto. Dopo Napoli, io e Carlo _____ all'isola di Ischia, _____ dei giorni di vacanza al mare: _____ il sole, _____ in spiaggia tutto il giorno.

Io _____ molto e Carlo _____ tanti bagni. Maria invece _____ a Napoli per 2 giorni per visitare altre chiese e monumenti.

2 Ci vuole - ci vogliono ..../7

*Complete the conversations with **ci vuole** or **ci vogliono**.*

1. ■ Quanto tempo _____ per arrivare a Londra con l'aereo?

   ▼ Da Milano _____ circa due ore.

2. Per finire l'università _____ in media 5 anni.

3. ■ Quanti minuti _____ per preparare gli spaghetti?

   ▼ Per cuocere gli spaghetti _____ al massimo dieci minuti.

4. ■ Quanto _____ per preparare questo esame?

   ▼ È un esame molto difficile, _____ circa tre mesi.

3 Riscrittura ..../21

Rewrite the text changing it from first person singular to third person singular.

Io sono Gloria, abito a Roma. La mattina mi sveglio alle 7, faccio colazione, mi vesto ed esco verso le 8. Vado a lavorare in bicicletta. Comincio a lavorare alle 8:30 e finisco alle 4:30. Il lavoro è interessante ma mi stanco molto, così la sera quando torno a casa mi riposo, leggo o guardo la televisione. Durante il fine settimana voglio divertirmi, esco con gli amici e vado al cinema o al teatro.

> *Lei è Gloria,..*

4 Aggettivi possessivi ..../22

Complete the following text with the possessive adjectives and where necessary with the definite articles.

Abito in Sicilia, a Palermo da sei anni. Sono venuto qui per _____ lavoro. Mi occupo di ricerca scientifica all'università di Palermo, _____ specializzazione è neurochirurgia. All'università ho conosciuto Rosa, _____ moglie. Rosa è nata a Palermo e ha passato tutta _____ vita in questa bellissima città. Rosa ed io abbiamo due figli, _____ bambini si chiamano Laura e Franco. Sei mesi fa abbiamo comprato una grande casa al centro di Palermo. È una casa antica con molte camere da letto ed è perfetta per ospitare le sorelle di Rosa: _____ due sorelle vivono in Germania e vengono spesso in Italia.

Anche io ho dei parenti che non vivono in Sicilia: _____ genitori abitano a Venezia. _____ padre insegna matematica in una scuola e _____ madre fa la casalinga; io sono _____ unico figlio, ma non li vedo quasi mai. Con questa nuova casa speriamo di ospitare più frequentemente _____ parenti che vivono lontano e di passare più tempo insieme.

5 Passato prossimo dei verbi riflessivi ..../10

Form sentences connecting the phrases in the three columns.

Roberta	mi sono svegliato	a teatro, ieri sera.
Mio fratello	si sono sposati	in una piccola chiesa di campagna.
Io	ci siamo incontrati	in un appartamento al centro.
Lucio e Franca	si è laureato	in ingegneria il mese scorso.
Carlo ed io	si è trasferita	tardi.

6 Riscrittura ..../24

Rewrite the following text changing from singular to plural.

Giulio è partito per la Francia 6 mesi fa. È andato a Parigi per lavorare in uno studio di architettura; è soddisfatto del nuovo lavoro perché è interessante anche se duro. Qualche volta è uscito con dei colleghi: è andato in un club jazz, e si è divertito molto. Appena è arrivato a Parigi, ha trovato una casa molto piccola ma poi si è trasferito in un appartamento più grande, dove ha organizzato una bella festa con i nuovi amici francesi. Due mesi fa ha comprato una macchina e spesso il fine settimana visita degli amici che abitano in campagna o fa dei piccoli viaggi fuori città.

Giulio e Franca *sono partiti* per Parigi sei mesi fa. ......

Sapori d'Italia

1 Lessico

In each group there is a word which is the odd one out. Which is it?

1. prosciutto – salame – ~~carne~~ – mortadella
2. ciliegie – uova – pesche – arancia
3. carne – pesce – pesche - uova

4. aglio – cipolla – carote – uva
5. olio - burro – latte – formaggio
6. zucchero – patate - miele – biscotti

2 Lessico

How many combinations are possible?

Un pacco di Un litro di Un chilo di Un etto di Mezzo chilo di Sei	carne macinata pasta salame uova patate latte cipolle riso prosciutto bistecche uva vino

3 Lessico

Complete with the following words.

aglio	pizza al taglio	latte	rosso	salame	uova

pelati	sedano	spaghetti	patate	maionese

1. Una scatola di _____
2. Uno spicchio di _____
3. Un pacco di _____
4. Una costa di _____
5. Un bicchiere di _____
6. Un vasetto di _____
7. Un litro di _____
8. Un pezzo di _____
9. Un chilo di _____
10. Un etto di _____
11. Tre _____

uova

patate

salame

aglio

4 Lessico

Complete the crossword puzzle. When you have finished you find the name of an object used in the supermarket.

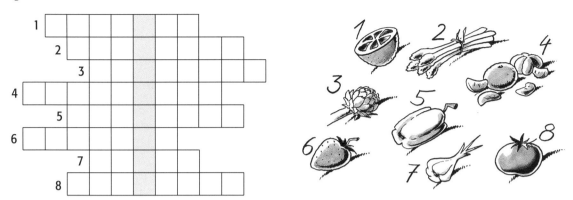

5 Lessico

That names of 11 foods are hidden in this grid. Find the names, as in the example. The remaining letters, read in order, give an expression and corresponding reply (which are used at the dinner table).

b	p	r	o	s	c	i	u	t	t	o
p	e	s	c	e	u	o	v	a	u	o
s	s	b	u	r	r	o	n	a	p	p
a	c	i	p	o	l	l	a	e	t	i
l	h	f	o	r	m	a	g	g	i	o
a	e	t	l	m	i	e	l	e	o	g
m	r	a	l	z	i	e	i	a	l	t
e	r	e	o	t	t	a	o	n	t	o

Soluzione: « ▢▢▢▢ ▢▢▢▢▢▢▢ !»

« ▢▢▢▢▢ ▢▢▢▢▢▢▢▢▢▢ !»

6 Lessico

Cross out the words in each sequence which don't belong. Then, from the remaining four, underline the one which includes all the others, as in the example.

1. parmigiano – ricotta – <u>prodotti del latte</u> – reggiano – ~~pelati~~
2. panini – ciliege – uva – fragole – frutta
3. spinaci – scatola – verdura – carciofi – melanzane
4. affettati – mortadella – frittata – prosciutto – salame
5. estate – inverno – stagioni – primavera – tortelli
6. crostata – dolci – torta – biscotti – riso
7. vino – minerale – bevande – pesche – spumante

7 Pronomi oggetto diretto
Complete the conversation with the pronouns **lo**, **la**, **li**, **le**.

1. ■ Sei peperoni, per cortesia.
   ▼ _____ vuole rossi o gialli?

2. ■ Il parmigiano fresco o stagionato?
   ▼ _____ preferisco piuttosto stagionato.

3. ■ Ti piace il pesce?
   ▼ Sì, _____ mangio spesso.

4. ■ Ancora qualcos'altro?
   ▼ Della mortadella, ma _____ vorrei affettata sottile.

5. ■ Ha dell'uva buona?
   ▼ Certo. _____ preferisce bianca o nera?

6. ■ Ci sono i ravioli oggi?
   ▼ Sì, _____ vuole al pomodoro o al ragù?

7. ■ Compri tu le olive?
   ▼ Sì. _____ prendo verdi o nere?

8. ■ Non ci sono più uova.
   ▼ Non c'è problema, _____ compro io.

8 Pronomi oggetto diretto
Complete with the direct object pronouns **lo**, **la**, **li**, **le**.

1. Uso moltissimo la macchina, _____ prendo ogni giorno.
2. Vede la piazza? Bene, _____ attraversa e poi gira a destra.
3. - Scusi, dov'è Palazzo Ducale? - Mi dispiace, non _____ so.
4. Adesso deve attraversare il ponte. _____ vede?
5. Lei deve prendere il tram 12. Deve prender_____ vicino alla stazione.
6. Le tagliatelle sono molto buone. Vuole provar_____?
7. Amo andare alle mostre e preferisco visitar _____ da sola.
8. La sera mi piace fare una passeggiata. Di solito _____ faccio per le strade del centro.

9 Pronomi oggetto diretto - Posizione enfatica
Change the sentences as in the example.

Normal construction of the sentence
Preferisce il prosciutto cotto o crudo?

Emphatic construction
Il prosciutto **lo** preferisce cotto o crudo?

1. Compro quasi sempre la frutta al mercato. _____

2. Può affettare il salame molto sottile? _____

3. Come vuole le olive? Nere o verdi? _____

4. Non mangio quasi mai la pasta. _____

5. Vuole il latte fresco o a lunga conservazione? _____

6. Compri tu i peperoni? _____

Sapori d'Italia

10

10 Combinazioni
Match the words on the left with the phrases on the right.

1. Il caffè
2. L'autobus
3. La birra
4. Le vacanze
5. Gli affitti
6. Le lettere
7. I libri

a. non lo prendo mai, perché è sempre pieno.
b. la bevo solo in estate.
c. li trovo troppo cari.
d. le scrivo sempre con il computer.
e. li compro solo via Internet.
f. lo bevo solo freddo.
g. le passo sempre in montagna.

11 Lessico
Who is speaking? The shop assistant or the customer?

	Commesso	Cliente		Commesso	Cliente
1. Che cosa desidera oggi?	☐	☐	12. Ancora qualcos'altro?	☐	☐
2. Va bene così?	☐	☐	13. Ne vorrei mezzo chilo.	☐	☐
3. Ha del parmigiano?	☐	☐	14. Lo può affettare molto		
4. Nient'altro, grazie.	☐	☐	sottile?	☐	☐
5. Quanti ne vuole?	☐	☐	15. Fresco o a lunga		
6. Si accomodi alla cassa.	☐	☐	conservazione?	☐	☐
7. Altro?	☐	☐	16. No, no, anzi è molto		
8. Ne vorrei mezzo chilo.	☐	☐	stagionato.	☐	☐
9. Lo posso assaggiare?	☐	☐	17. Ma sono freschi?	☐	☐
10. Va bene lo stesso?	☐	☐			
11. No, un po' di più, per favore.	☐	☐			

12 Uso partitivo della preposizione *di* + articolo
*Complete with **di** + article.*

1. Vorrei _____ aglio.
2. Ha _____ parmigiano stagionato?
3. Puoi comprare _____ latte e _____ uova?
4. Ha _____ uva buona?
5. Ho comprato _____ ciliegie e _____ pesche.
6. Oggi abbiamo _____ pesce molto buono.
7. Vorrei _____ carne macinata.
8. Il pane è finito. Vanno bene anche _____ panini?

13 Uso partitivo della preposizione *di* + articolo
*Do you know these Italian dishes? Complete with **del, della, dei** …*

1. Per fare **il tiramisù** dovete comprare _____ biscotti, _____ mascarpone*, _____ uova, _____ caffè e _____ zucchero.

2. Per **il pinzimonio** prendete _____ verdure fresche, _____ olio d'oliva, _____ aceto, _____ sale e _____ pepe.

3. Per **il carpaccio** dovete prendere _____ manzo crudo, _____ parmigiano, _____ olio d'oliva, _____ sale, _____ pepe e _____ limone.

*il mascarpone = un formaggio di tutta crema

14 Pronomi oggetto diretto e particella *ne*
*Complete the sentences with **lo, la, li, le** or **ne**.*

1. Prendo le ciliegie, ma _____ vorrei buone.
2. Prendo le ciliegie, ma _____ vorrei solo un chilo.
3. Non amo molto i dolci: _____ mangio pochi.
4. I dolci non _____ mangio molto spesso.
5. Il vino _____ preferisce rosso o bianco?
6. Il vino a tavola c'è sempre. A pranzo _____ bevo uno o due bicchieri.
7. La pasta mi piace e _____ mangio molta.
8. La pasta mi piace e _____ mangio spesso.

15 Pronomi oggetto diretto e particella *ne*
*Complete the conversation with the direct pronouns and with **ne**.*

■ Cosa desidera oggi?
▼ Due etti di salame. Ma _____ vorrei sottile, per cortesia.
■ Certo, signora. Ancora qualcosa?
▼ Sì. Delle olive.
■ _____ preferisce verdi o nere?
▼ Verdi.
■ Quante _____ vuole?
▼ Circa due etti.
■ Benissimo. Qualcos'altro?
▼ Sì, del parmigiano e poi …. un pacco di zucchero.
■ Il parmigiano _____ vuole fresco o stagionato?
▼ Stagionato. _____ vorrei circa due etti e mezzo.
■ Altro?
▼ No, nient'altro, grazie.

16 Pronomi oggetto diretto e particella *ne*
*Complete the mini-conversations with the direct pronouns and with **ne**.*

1. ■ Vorrei della carne macinata.
   ▼ _____ preferisce di maiale o di vitello?

2. ■ E poi del prosciutto cotto, per cortesia.
   ▼ Quanto _____ vuole?

3. ■ Un pezzo di parmigiano, per piacere.
   ▼ _____ vuole fresco o stagionato?

4. ■ Belle queste fragole. _____ posso prendere una?
   ▼ Certo, signora, prego.

5. ■ Ha del pecorino?
   ▼ Certo. _____ ho uno veramente splendido. _____ vuole assaggiare*?

6. ■ Otto peperoni, per piacere.
   ▼ Come _____ vuole? Verdi o rossi?

7. ■ Compri tu le lasagne?
   ▼ D'accordo. _____ vuoi fresche o dal freezer?

*assaggiare = provare

li

lo

la   le

ne

17 Combinazioni
Match the questions to the answers.

1. Conoscete quei ragazzi là?
2. Perché non esci mai con Carlo?
3. Leggi molti libri?
4. Prendi sempre così tanto pane?
5. Leggete il giornale?
6. Quando vedi Federica e Valentina?
7. Hai visto il telegiornale stasera?

a. Chiaro! Lo compriamo ogni mattina.
b. Eh, sì. Pensa che ieri ne ho comprato un chilo!
c. No, in questi giorni non ho tempo.
   Non lo vedo da ieri.
d. Lo odio! È noioso e fuma pure.
e. Sì, frequentano il corso d'italiano con noi.
   Li conosciamo molto bene.
f. Di solito sì. E li leggo volentieri in biblioteca.
g. Mah, penso di incontrarle domani.

18 Pronuncia
CD 49
*Circle which sound you hear: **b** ora **p**?*

	1	2	3	4	5	6	7	8	9	10	11	12	13	14
b	☐	☐	☐	☐	☐	☐	☐	☐	☐	☐	☐	☐	☐	☐
p	☐	☐	☐	☐	☐	☐	☐	☐	☐	☐	☐	☐	☐	☐

Fare acquisti

1 **Lessico**

Look at the first person on the left in Activity 1 (lesson 11 of the Textbook) and mark which sentences are true and which are false.

Oggi Eleonora …	vero	falso
1. … si è vestita in modo classico.	☐	☐
2. … ha scelto una borsetta di pelle marrone.	☐	☐
3. … ha messo un vestito celeste	☐	☐
e sotto ha indossato un cappotto blu.	☐	☐
4. … si è messa un paio di scarpe basse e nere.	☐	☐

2 **Colori**

Complete the names of the colors with the correct endings.

1. Martina oggi indossa dei pantaloni ner__ , una camicetta
   celest__ e una giacca bianc__.
2. Sergio per andare in ufficio mette un vestito grig__ o marron__.
3. Giuseppe oggi ha messo i jeans con una camicia verd__ e
   una giacca ner__.
4. Eva porta spesso una gonna bl__ e una camicetta ros__ .
5. Franco indossa volentieri i pantaloni grig__ con un pullover ross__.
6. A Giuliana piacciono le gonne giall__, azzurr__, verd__ o ross__.

3 **Combinazioni**

Match the questions to the answers.

1. Che taglia porta?
2. Desidera?
3. Questo modello come Le sembra?
4. Quanto costa questa borsa?
5. Se la camicia non va bene, la posso cambiare?
6. Il giallo non è un colore troppo vivace per me?

a. Certo. Però deve conservare lo scontrino.
b. Ma no, Le sta benissimo!
c. Cerco degli stivali di pelle.
d. La 42.
e. 147 Euro.
f. Mah, forse è un po' troppo classico.

4 Lessico

It's Christmas. Gianna has organized a trip to Alaska, while Franco is going to the Seychelles.
Help them to pack their suitcases.

| tuta da sci | berretto | guanti | maglione | costume da bagno | giacca a vento |

| pantaloni corti | stivali | cappotto | sciarpa di lana | sandali | pelliccia |

| scarpe da ginnastica |

Gianna

Franco

_____   _____
_____   _____
_____   _____
_____   _____
_____   _____
_____   _____

5 Pronomi oggetto indiretto

*Complete the sentences with the indirect pronouns **gli** and **le**.*

1. Sergio non porta i sandali perché non _____ piacciono.
2. Ho chiamato Francesca e Giorgia per ricordar _____ di portare il vino.
3. Ho regalato una sciarpa a mamma, ma non _____ piace, _____ sembra troppo vistosa.
4. Carlo ha freddo, puoi portar _____ un maglione?
5. La camicia che hai regalato ad Anna _____ sta proprio bene.
6. Sai niente di Piero e Sandro? _____ ho telefonato un sacco di volte, ma non sono mai a casa.

6 Pronomi oggetto indiretto

Complete with the indirect pronouns.

1. Preferisco i colori vivaci, il nero non ____ piace.
2. Marina non indossa le gonne. Dice che non ____ stanno bene.
3. Signora, _____ piacciono questi pantaloni?
4. Giovanni preferisce i pantaloni sportivi, _____ piacciono soprattutto i jeans.
5. Giorgio, _____ piace questa giacca?
6. Questi stivali _____ sembrano troppo sportivi; non li compro.
7. Roberto e Giulio non mettono mai i jeans. _____ piace essere eleganti.
8. Sabrina, come _____ sembra questo cappotto? _____ piace?

7 Combinazioni - Pronomi oggetto indiretto
Form as many sentences as you can (there are various possibilities) and each time fill in the appropriate pronoun.

1. Cosa ha detto Edoardo del maglione?
2. Hai chiamato Pia?
3. Hai visto il pullover rosso in vetrina?
4. Hai telefonato a Sandro?
5. Cosa hai detto a loro?
6. Perché Carlo non mette mai giacca e cravatta?
7. Eva, ti piace questa gonna?
8. Cosa ha detto Franca dei pantaloni?
9. Perché non indossi mai i pantaloni?
10. Signora, come Le sembrano queste scarpe?
11. Perché Carla non mette mai le gonne?

a. Perché _____ piace vestire in modo sportivo.
b. Sì, ma il colore _____ sembra troppo acceso.
c. Perché non _____ stanno bene.
d. Che _____ piace molto!
e. No, devo telefonar_____ questo pomeriggio.
f. Mah, _____ sembrano un po' troppo giovanili.
g. Mah, dice che non _____ stanno bene.
h. Sì, _____ ho comprato stamattina!
i. Che _____ telefono domani.
l. No, non _____ piace molto.
m. Certo, _____ ho parlato due giorni fa!

8 Pronomi oggetto indiretto
Complete the following conversation with the pronouns in the boxes.

mi	le	ti	gli	vi	gli	ti	gli

- Pronto.
▼ Ciao Marta, sono Antonio, come stai?
- Oh ciao Antonio, sto bene, e tu?
▼ Bene bene, senti _____ telefono per chieder _____ un consiglio.
- Dimmi.
▼ Vorrei comprare un regalo per Natale ai tuoi figli, e forse tu puoi consigliar _____ qualcosa che _____ piace.
- Beh, per Nicoletta non è difficile, se _____ compri un bel libro è felicissima.
▼ Ah, bene. E per Giuliano?

- Eh, come sai _____ piace molto giocare con la play station, ma ha già tanti videogiochi, anche troppi per me.
▼ Forse posso comprar _____ un bel gioco di società, tipo Pictionary o Taboo.
- Sì, è una buona idea.
▼ Bene, grazie mille. Allora ci vediamo sabato sera a cena a casa vostra. _____ porto la mia specialità, la torta di carote.
- Mm, che buona, non vedo l'ora.
▼ Allora ciao.
- Ciao Antonio.

9 Riscrittura - Pronomi oggetto diretto e indiretto
*Rewrite the following text replacing the repetitions (in **bold**) with the direct or indirect object pronouns.*

Giuseppe ha 28 anni. La sua ragazza, Anna, definisce **Giuseppe** "l'eterno figlio", perché **a Giuseppe** piace molto la vita comoda, e la mamma cucina **a Giuseppe**, fa il bucato **a Giuseppe** e pulisce la casa **a Giuseppe**. Anna vuole **Giuseppe** più indipendente. Giuseppe

....
....
....
....
....
....

ama **Anna** e ha chiesto **ad Anna** di vivere insieme, ma lei non vuole accettare, perché la sua immaturità preoccupa **Anna**. Anna e Giuseppe hanno bisogno di una mano, come possiamo aiutare **Anna e Giuseppe**? Che consigli possiamo dare ad **Anna e Giuseppe**?

....
....
....
....
....
....

10 Pronomi oggetto diretto e indiretto
Complete with the appropriate pronouns.

- ■ Pronto.
- ▼ Ciao, Rita, sono Pier Giorgio. Senti, _____ chiamo perché domani sera al Museo Comunale c'è una bellissima mostra di Modigliani e io ho un biglietto in più. _____ interessa?
- ■ Certo che _____ interessa, ma purtroppo domani ho un appuntamento dal medico.
- ▼ Peccato… Non puoi proprio spostar_____ ?
- ■ Mah, non lo so. Prima devo parlare con il medico. Beh, posso telefonar _____ e poi _____ faccio sapere. Anzi, _____ chiamo questo pomeriggio e poi _____ ritelefono. Va bene o è troppo tardi?
- ▼ No, no, va benissimo. E senti, eventualmente _____ vengo a prendere io verso le sette.
- ■ _____ ringrazio, perché proprio in questi giorni sono a piedi …
- ▼ Ah, perfetto, allora. A più tardi!
- ■ Ciao e grazie.

11 Pronomi oggetto diretto e indiretto
Complete with the appropriate pronouns.

Ciao cara,
devo raccontar_____ una cosa buffa che _____ è successa ieri. Sono andata a fare spese con mia sorella Anna, e tu _____ conosci bene, sai come è. Allora entriamo in un negozio di abbigliamento, perché è il compleanno di suo marito e lei vuole comprar_____ un maglione. Il commesso è un uomo sui trent'anni molto carino e paziente, e _____ mostra qualche maglione, ma Anna _____ scarta tutti, uno non _____ piace, l'altro _____ sembra troppo caro, l'altro ancora non è adatto al marito. Alla fine il commesso _____ propone lo stesso maglione che lui indossa in quel momento, e Anna _____ dice che non _____ piace per niente, _____ definisce "deprimente" e "fuori moda", e conclude che _____ vede bene per suo nonno, ma certo non può comprar_____ per un uomo che ha meno di 80 anni. Ho cercato di fermar_____, ma lei non _____ ha ascoltato. Il commesso esita, _____ guarda come per dire "Questa è matta", poi per fortuna comincia a ridere. Quando Anna esce dal negozio per rispondere al cellulare, _____ guarda e _____ dice: "Certo sua sorella ha proprio un bel carattere!". Io _____ guardo e tutti e due cominciamo a ridere come matti. Anna torna, e _____ chiede perché ridiamo così, e non sappiamo cosa dir_____. E più lei _____ interroga, più noi ridiamo. Insomma una scena incredibile. Comunque alla fine il commesso _____ ha dato il suo numero di telefono, e io _____ ho chiamato e la sera siamo usciti insieme. È stata una serata molto divertente. Andrea, il commesso, è molto simpatico e anche fisicamente non è niente male. _____ rivedo domani sera, andiamo al cinema. _____ scrivo poi per far_____ sapere com'è andata.
Baci
Laura

Fare acquisti

11

12 Condizionale presente

*Complete the sentences conjugating the verbs in brackets in the **condizionale presente**.*

1. Lina, mi *(passare)* _____ il sale per favore?
2. Signorina, *(potere)* _____ provare quei sandali neri?
3. Scusi, mi *(dire)* _____ quanto costa questa giacca?
4. *(Volere)* _____ un caffè macchiato, per favore.
5. Papà, *(avere)* _____ un altro ombrello da darmi?
6. Questa maglietta *(esserci)* _____ in rosso?
7. Scusi, mi *(portare)* _____ il conto per favore?
8. Paolo scusa, *(prendere)* _____ un'altra bottiglia d'acqua in frigorifero?

13 Condizionale presente

*Complete the conversation with the following verbs conjugated in the **condizionale presente**. The verbs are in the correct order.*

volere	volere	avere	mostrare	potere	esserci

■ Buongiorno.
▼ Buongiorno signore, mi dica.
■ _____ vedere quei pantaloni blu in vetrina.
▼ Certamente, che taglia?
■ La 48.
▼ Ah, mi dispiace, la 48 in blu è esaurita. _____ vederli in altri colori?
■ Li _____ in beige?
▼ Dunque… sì, in beige sì, e poi in nero, verde e bordeaux… Ecco a Lei quelli beige.
■ Mm…mi sembrano un po' troppo chiari. Mi _____ quelli verdi allora?
▼ Sì certo. Eccoli, è proprio un bel tono di verde.
■ Sì, ha proprio ragione. Dove _____ provarli?
▼ Il camerino è lì, guardi.
[…]
▼ Come Le stanno?
■ Eh, sono un po' larghi. _____ la taglia 46?
▼ Sì. Glieli porto subito.

14 *Quello* pronome dimostrativo

*Complete the sentences with **quello**, **quella**, **quelli** or **quelle**.*

1. Mi piace il vestito giallo, ma non _____ verde.
2. Indosso sempre abiti sportivi, ma mai _____ eleganti.
3. Preferisci le scarpe basse o _____ con il tacco alto?
4. Perché non prova questa gonna nera invece di _____ blu?
5. Questi stivali sono meno cari di _____.
6. Porta più volentieri le camicie a righe o _____ a quadri?

15 *Quello* aggettivo dimostrativo
Complete the sentences with **quel**, **quello**, **quella**, **quell'**, **quei**, **quegli**, **quelle**.

1. Mi piace _____ pullover.
2. _____ pantaloni sono troppo cari.
3. Ti piace _____ giacca?
4. Quanto costano _____ scarpe?

5. Che ne dici di _____ stivali?
6. Vorrei provare _____ impermeabile.
7. Le piacciono _____ mocassini?
8. _____ sciarpa non mi piace proprio.

16 *Quello* pronome e aggettivo dimostrativo
Complete with the suitable form of **quello**.

■ Che ne dici di _____ mocassini?

▼ Quali? _____ neri?

■ No, no, più a destra, _____
di pelle marrone da 98 €.

▼ Sì, sono bellissimi, ma costano troppo!

■ E allora che ne dici di _____
scarpe nere?

▼ _____ da 63 €?

■ Sì, proprio _____.
Sono meno care e mi sembrano pure comode.

▼ Mah, veramente non mi piacciono.
Preferisco delle scarpe più sportive.

■ E allora puoi prendere _____
stivali …

▼ Mah … non so …

17 *Più, meno, troppo*
Complete the conversations with **più**, **meno** *or* **troppo**.

1. ■ Le piace questo modello?
   ▼ Mah, è _____ giovanile, lo vorrei
     _____ classico.

2. ■ Quanto costa questo pullover?
   ▼ 106 €.
   ■ Hmm, è un po' _____ caro.
     Non ha qualcosa che costa _____ ?

3. ■ E queste scarpe come Le sembrano?
   ▼ Sì, sono belle, ma sono _____
     piccole. Non le ha _____ grandi?

4. ■ Che ne dici di questi mocassini? Sono
     _____ cari di quelli neri.
   ▼ No, no, sono _____ sportivi per me.

5. ■ Ti piacciono quei jeans?
   ▼ Non vedi come sono larghi?
   ■ Ma quelli lì a destra sono molto
     _____ stretti!

18 Pronuncia
CD 52

Listen to the following words and mark whether you hear **c**, **cc**, **g** *or* **gg**.

	1	2	3	4	5	6	7	8	9	10	11	12	13	14	15
c	☐	☐	☐	☐	☐	☐	☐	☐	☐	☐	☐	☐	☐	☐	☐
cc	☐	☐	☐	☐	☐	☐	☐	☐	☐	☐	☐	☐	☐	☐	☐
g	☐	☐	☐	☐	☐	☐	☐	☐	☐	☐	☐	☐	☐	☐	☐
gg	☐	☐	☐	☐	☐	☐	☐	☐	☐	☐	☐	☐	☐	☐	☐

Da piccola

1 Lessico

Complete the crossword. When you have finished you will find the name of an animal which you already know.

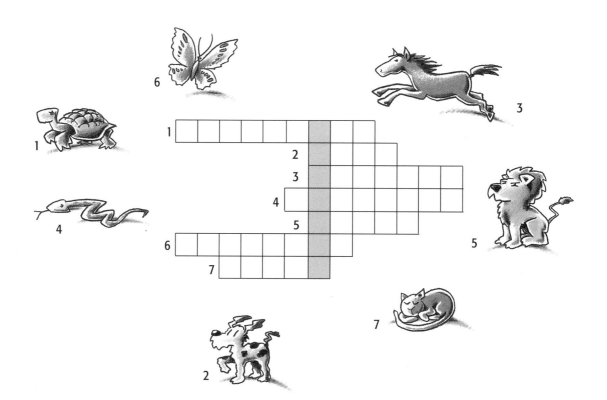

2 Imperfetto

Complete the text with the verb forms in the **imperfetto**.

Da piccola *(trascorrere)* _____ molto tempo a casa dei miei nonni. Mi *(piacere)* _____ tanto stare da loro, forse perché *(abitare)* _____ in una grande casa in campagna. Quasi ogni fine settimana *(dormire)* _____ da loro. La domenica mattina mia nonna *(alzarsi)* _____ presto e *(andare)* _____ in chiesa, poi *(tornare)* _____ a casa e *(cominciare)* _____ a preparare il pranzo. Allora io *(alzarmi)* _____ e *(andare)* _____ in cucina a fare colazione. *(Amare)* _____ stare lì e guardare come mia nonna *(preparare)* _____ la pasta fatta in casa.

3 Combinazioni

Insert the words from column B in the spaces in column A and you will find a short story

A

Da piccolo
_____ero allergico_____

Quindi non potevo tenere
_____

Abitavo in
_____

Passavo i
_____

A casa non c'era molto

In estate però andavo
_____

Lì giocavo
_____

Mi divertivo
_____

B

in campagna.

con molti animali.

~~ero allergico.~~

animali nell'appartamento.

spazio.

tantissimo.

città.

pomeriggi in casa.

4 Imperfetto

*Complete the sentences with the verbs in the **imperfetto**.*

1. Teresa, tu dove _____ in vacanza da bambina? andare

2. Come _____ il cane che _____ da piccola? chiamarsi/avere

3. Serena, ti ricordi quando _____ piccole? _____ (noi) essere/(noi) giocare
   sempre con le figlie della signora Valeri.

4. Dove _____ i tuoi nonni? abitare

5. Senti, di solito chi ti _____ a scuola da piccolo? accompagnare

6. Che strano, da piccola i dolci non mi _____, piacere
   e adesso invece ...!

7. A casa nostra _____ pochissimo spazio, per questo non esserci
   abbiamo mai avuto animali!

8. Voi _____ in campagna, vero? vivere

9. Da bambino _____ moltissimi libri e _____ leggere/guardare
   poco la TV.

5 Imperfetto

*How was Alfredo's life before? Make some sentences in the **imperfetto** with the words below, as in the example.*

a casa   lettere   in campeggio   con ~~altre persone~~   capelli lunghi

la bicicletta   in treno   musica rock

Oggi vivo da solo in una casa grandissima.   *Prima vivevo con altre persone.*

Oggi scrivo solo e-mail.   *Prima* _____

Adesso mangio spesso al ristorante.   _____

Oggi vado solo in albergo.   _____

Adesso prendo sempre la macchina.   _____

Adesso ascolto solo musica jazz.   _____

Ora viaggio solo in aereo.   _____

6 Passato prossimo e imperfetto

*Underline in the text the verbs in the **passato prossimo** and **imperfetto** and insert them in the correct column.*

Un cambiamento

Da piccolo ero un bambino molto chiuso. Odiavo la scuola, non mi piaceva fare sport e avevo pochissimi amici. Stavo spesso a casa, guardavo la TV o leggevo i fumetti. Naturalmente spesso mi annoiavo e quindi mangiavo moltissimi dolci. Qualche volta venivano degli amici dei miei genitori con i loro figli. Allora giocavo con gli altri bambini, ma non mi divertivo molto. A 16 anni poi ho incontrato una ragazza, Francesca, e mi sono innamorato per la prima volta. Così ho cominciato ad andare volentieri a scuola, a uscire con gli altri ragazzi e ad andare alle feste. Ho cominciato a fare sport e ho imparato anche a giocare a tennis.

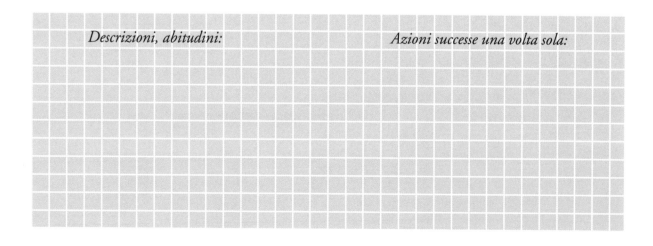

Descrizioni, abitudini:	Azioni successe una volta sola:

7 Passato prossimo e imperfetto

Match the sentences on the left with those on the right and put the verbs into the correct tense, as in the example.

1. Carla andava sempre in vacanza con i genitori.
2. Ero molto brava a scuola.
3. Il Natale andavamo sempre a casa dei nonni.
4. Rosa andava a ballare ogni sabato,
5. Mio padre era sempre molto puntuale.
6. Normalmente non avevi voglia di leggere,
7. D'estate di solito prendevamo in affitto un appartamento.

a. Solo una volta *(prendere)* __ho preso__ un brutto voto.
b. Solo una volta *(arrivare)* _____ tardi.
c. Una volta *(partire)* _____ con un gruppo di ragazzi.
d. ma una volta *(andare)* _____ in biblioteca.
e. Una volta però *(venire)* _____ loro da noi.
f. Una volta *(andare)* _____ in campeggio.
g. ma da quando *(conoscere)* _____ Aldo passa tutti i fine settimana a casa.

8 Passato prossimo e imperfetto

*Complete the sentences with the **passato prossimo** or the **imperfetto**.*

1. Da piccolo *(io-vivere)* _____ in campagna, poi a 15 anni *(trasferirsi)* _____ in città.
2. Lisa *(nascere)* _____ a Firenze, ma *(vivere)* _____ per molti anni a Bologna.
3. Mia nonna *(fare)* _____ sempre la pasta in casa.
4. No, prima non mi *(piacere)* _____ ballare, poi un anno fa *(fare)* _____ un corso di tango e così ora vado quasi tutti i fine settimana a ballare.
5. Normalmente a casa *(cucinare)* _____ la mamma. Solo una volta *(cucinare)* _____ mio padre, *(fare)* _____ la pizza. Purtroppo *(essere)* _____ così cattiva che alla fine *(andare)* _____ tutti in pizzeria.
6. Marco *(abitare)* _____ per quattro anni a Palermo.
7. Carla *(andare)* _____ via da Napoli quando *(avere)* _____ due anni, quindi non ricorda quasi niente della città.
8. Prima *(io-studiare)* _____ matematica, poi *(cambiare)* _____ idea e adesso studio francese.
9. Mio padre *(fumare)* _____ venti sigarette al giorno. Una volta *(sentirsi)* _____ molto male e *(decidere)* _____ di smettere.
10. Quando *(noi- andare)* _____ all'università *(studiare)* _____ molto.

Da piccola

12

9 Passato prossimo o imperfetto

Read the letter and underline the correct form of the verb.

Caro Giovanni,

ma che fine (**facevi/hai fatto**)? È da tanto che non ti sento, ma per fortuna ho tue notizie dalla cognata di Luca. So che (**passavi/hai passato**) un brutto periodo e che però (**riuscivi/sei riuscito**) a superarlo. Questo mi (**tranquillizzava/ha tranquillizzato**) molto. (**Sentivo/Ho sentito**) anche che nel frattempo ti (**laureavi/sei laureato**). E pensare che a scuola non (**eri/sei stato**) proprio il primo della classe …!! Ma da ragazzo non (**studiavi/hai studiato**) poi tanto, no? È vero che (**ti sposavi/ti sei sposato**)? Tua moglie è quella bionda che ti (**guardava/ha guardato**) sempre quando (**eravamo/siamo stati**) in biblioteca? Io (**rimanevo/sono rimasto**) single, anche allora questa (**era/è stata**) la mia filosofia, ricordi??

Ma per il futuro non si sa mai, anche perché ultimamente (**incontravo/ho incontrato**) una ragazza veramente in gamba che mi piace davvero molto.

Beh, allora aspetto una tua lettera o una tua telefonata.

Ciao
Michele

10 Dialogo scomposto

Rearrange the interview so that it makes sense, as in the example. The questions are in the correct order.

1. Allora cosa mi puoi dire di te?
2. Mi racconti qualcosa della tua famiglia?
3. In che rapporti eri con tuoi?
4. Com'eri da bambino?
5. Ti piaceva la scuola?
6. Cosa facevi nel tempo libero?
7. Quali libri preferivi?
8. Cosa volevi studiare all'università?
9. Quando hai cominciato a diventare un personaggio così conosciuto?

(a) *Ogni tipo di sport.*
(b) *Ero tranquillo e amavo giocare con gli amici.*
(c) *Non leggevo molto, ma ogni tanto andavo in biblioteca.*
(d) *Non avevo alcuna voglia di frequentarla.*
(e) *A partire dai trent'anni, quando ho cominciato a scrivere i miei primi romanzi.*
(f) *Beh, sono nato a Catania nel '46.*
(g) *Non molto, ma andavo volentieri perché ero bravo in matematica.*
(h) *Non buoni, perché i miei genitori erano molto severi e in casa c'erano spesso liti.*
(i) *Mio padre era medico, mia madre insegnante. Avevo due fratelli e due sorelle. Io ero il più grande.*

Da piccola

12

11 Lessico

a. Find 8 names in the grid (5 → and 3↓) from lesson 12. The remaining letters, read in order, complete the title. If you are having difficulty look at the next exercise.

L'adolescenza è...

Soluzione: (...)

b. Now complete the following sentences with the words you found above.

1. Il _____ è forse l'animale più temuto.

2. Non vive in città, né in montagna, ma in _____.

3. La mia _____ è stata molto felice.

4. Secondo un _____ l'animale preferito è il cane.

5. Se non chiudi la _____ entra il freddo.

6. Amo la vita tranquilla e odio il _____.

7. Secondo l'Eurispes è cresciuta la _____ animalista.

8. Le _____, più dei maschi, amano i gatti.

Non è bello ciò che è bello...

1 Lessico

*Complete the description. The boxes in **bold** give the continuation of the title of the lesson.*

1. Ha i _ _ _ _ _ _ _ _ _   _ _ _ _ ▢ ▢ .
2. Porta _ _ _ _ ▢ ▢ _ _ _ _ _ _ _ _ _ .
3. È _ _ _ _ _ _ _ _ ▢ .
4. Ha i _ _ ▢ _ _ _ _ _ _   _ _ ▢ _ _ _ .
5. Ha _ _ _   _ ▢ _ _ _ _ .
6. È ▢ _ _ _ _ _ _ .
7. È _ _ ▢ _ _ _ _ _ _ .

Soluzione: Non è bello ciò che è bello,
è bello ▢▢▢ ▢▢▢ ▢▢▢▢▢ .

2 Lessico

Complete the sentences with the opposite of the adjectives.

1. A me Barbara non sembra affatto timida, anzi, secondo me è una persona _____ .

2. Davvero trovi Franco divertente? A me sembra così _____ !

3. A te Paola è antipatica? Mah, io invece la trovo _____ .

4. Secondo te Marco è grasso? Ma dai! È così _____ !

5. Io Valeria non la trovo affatto carina, anzi per me è _____ .

6. Guarda che ti sbagli, Laura non ha i capelli lisci, li ha _____ .

3 Aggettivi

Complete the two texts with the following adjectives with the correct endings. They are not in order.

avaro	debole	forte	generoso	ottimista	pessimista	socievole	timido

Sono andato a una festa e lì ho conosciuto una ragazza che mi è piaciuta molto. Parlava con tutti. Era così _____! Mi ha raccontato dei suoi programmi e di essere molto _____ per il suo domani. È anche _____: mi ha offerto subito un cocktail. Inoltre ha un carattere _____: sa quello che vuole. È proprio la ragazza che vorrei avere!

Sono andato a una festa e lì ho conosciuto una ragazza che non mi è piaciuta per niente. Non parlava con nessuno. Era così _____! Mi ha raccontato di non avere programmi e di essere molto _____ per il suo domani. È anche _____: io le ho offerto tre volte da bere, ma lei niente ... Inoltre ha un carattere _____ e non sa quello che vuole. È proprio la ragazza che non vorrei mai avere!

4 Passato prossimo

*Complete the sentences with the appropriate auxiliary (**avere** or **essere**) and with the final vowel of the past participle.*

1. Il concerto _____ finit__ molto tardi ieri.
2. Tommaso, _____ già cominciat__ il nuovo lavoro?
3. Stefano, _____ finit__ già di fare i compiti?
4. Ieri sera _____ finit__ di leggere il primo libro di Harry Potter e stamattina _____ già cominciat__ a leggere il secondo.
5. Peccato, le vacanze _____ già finit__!
6. Dai, sbrigati, il film non _____ ancora cominciat__!
7. Incredibile! _____ cominciat__ a mettere in ordine la cucina ieri e non _____ ancora finit__!
8. I corsi _____ cominciat__ a settembre.

5 Lessico

These people are each looking for an apartment. Which advertisement would you recommend to them?

a. Paola (42) e Carlo (48) hanno due bambini piccoli e un cane. Cercano una casa grande, tranquilla, con una camera per ognuno dei bambini e due bagni.

b. Francesca, (26), studentessa, cerca un piccolo appartamento. Non ha la macchina e non ha molti mobili.

c. Luca (58) e Stefania (53) cercano una casa non molto grande, ma centrale. Meglio se in un palazzo antico.

d. Michele (30) e Giovanna (28) cercano un piccolo appartamento in centro. Per Giovanna è importantissimo avere un balcone e per Michele è importante avere una cucina grande.

① **CENTRO STORICO,** affittasi appartamento di tre camere (82 mq circa) in antico palazzo del '700. Bagno e cucina da ristrutturare. Per maggiori informazioni: Tel. 0345/369476

② **CASALPALOCCO,** affittasi villetta con due camere da letto, salone, bagno e grande cucina. Per maggiori informazioni chiamare il numero 0347/6782444

③ **ZONA S. LORENZO (CITTÀ UNIVERSITARIA)** affittasi appartamento di due camere, bagno e cucinino (40 mq circa). Per maggiori informazioni chiamare il numero 06/27 14 370

④ **MONTE MARIO,** appartamento in zona tranquilla, 4 camere, due bagni, cucina, grande terrazza, garage e cantina. Per maggiori informazioni telefonare al numero 06/59 46 323

⑤ **S. GIOVANNI, CENTRALE,** appartamento di tre camere (71 mq circa) bagno, ampia cucina e balcone. Per maggiori informazioni: 06/70 13 875

⑥ **PRENESTINO, (A 20 MINUTI DALL'UNIVERSITÀ)** monolocale arredato, bagno e cucina abitabile. Per informazioni rivolgersi a: ag. immobiliare Tecnocasa tel.06/7643987

⑦ **CENTRO,** appartamento ristrutturato, due camere, bagno e piccola cucina. Per maggiori informazioni: 0333/2189010

6   Lessico

Complete the crossword grid. When you have finished you will find the word for washing machine.

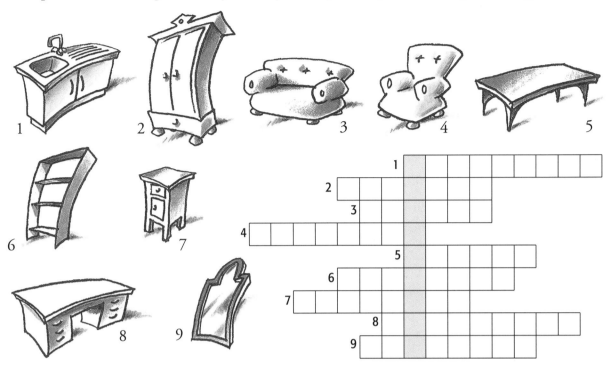

7   Dialogo scombinato

Put the conversation in to the correct order. Sentences 1-7 are already in the correct order.

1. Allora, che impressione avete della nuova casa?
....

2. E tua moglie è contenta?
....

3. Perché?
....

4. Vivere in centro, in un condominio, è un bel cambiamento, eh, con i problemi del traffico, del parcheggio…
....

5. D'accordo, ma guarda che ci sono anche dei quartieri di periferia dove si trova tutto, pure le scuole.
....

6. Sì, però è anche vero che d'estate non puoi dormire con le finestre aperte!
....

7. Insomma, siete contenti…
....

a. Beh, sai, lei in fondo ha sempre vissuto in periferia in una villetta tranquilla.

b. Buona, buonissima. Certo, non è ancora in ordine, però insomma … piano piano …

c. In effetti può essere un problema. Noi però siamo fortunati perché l'appartamento è all'ultimo piano. Le camere da letto poi non danno sulla strada.

d. Sì, però dai, vivere in centro ha anche i suoi vantaggi. Hai tutto vicino, negozi, servizi …

e. Della casa? Sì, però non è ancora molto convinta della zona.

f. Sì, certo, però pensa anche alla vita notturna. Qui in centro c'è vita, là invece …

g. Sì, ripeto, molto. Io anzi moltissimo.

8 Aggettivi e superlativi assoluti
Complete the text with the following adjectives.

delizioso	carinissima	sottili	strettissime	silenziosa	bello	moderna

arredata	bello	poche	unici	ripide	primo	preferita	bello	nuovi

grandissime	bella	luminoso	vecchio	molte

La casa è _____ come la casa precedente, perché ad Amsterdam circolano _____ macchine. Gli _____ rumori sono quelli prodotti dai vicini, visto che le pareti sono molto _____.

L'appartamento, di circa 100 metri quadrati e su due livelli, è al terzo piano di un edificio senza ascensore e con delle scale _____ e _____. Al _____ livello ci sono, oltre alla cucina, il salone, due bagni e la camera degli ospiti. La camera da letto e il terrazzo si trovano invece al secondo livello.

La camera da letto è _____, ha un parquet molto _____ e un terrazzo _____ con _____ piante che gli inquilini precedenti hanno dovuto lasciare qui. È sicuramente la mia stanza _____, peccato che la usiamo solo per dormire!

Anche il salone è _____, forse _____ quanto la camera da letto, è più _____ delle altre stanze, perché ci sono tre finestre _____ da cui si ha una vista molto _____ del canale.

Abbiamo arredato questo appartamento con i nostri mobili cercando di adattarli ai _____ spazi. La cucina invece era già _____, elettrodomestici compresi; certo, così com'è non mi piace tanto, è un po' troppo _____ per i miei gusti, però sono convinta che comprando qualche _____ mobiletto e aggiungendo un po' di colore migliorerà.

9 Comparativi
Make sentences as in the example.

Alida è italiana come Massimo.
È meno alta di Maria.
È più giovane di Massimo e Pedro.

Alida, 23 anni, italiana
alta 1.63, bionda, occhi azzurri

Massimo, 40 anni, italiano
alto 1.85, biondo, occhi castani

Pedro, 38 anni, spagnolo
alto 1.79, capelli neri, occhi azzurri

Maria, 23 anni, spagnola
alta 1.67, capelli neri, occhi castani

10 Comparativi

Make the comparisons as in the example.

Barbara (18 anni) - Andrea (18 anni) - giovane

1. Andrea è *giovane come/quanto* Barbara.

Marco (cm. 1.85) - suo figlio (cm. 1.60) - basso

2. Piero è _____ suo padre.

Il Monte Bianco (m. 4.810) - l'Everest (m. 8.882) - alto

3. Il Monte Bianco è _____ Everest.

Roma (2.645.322 abitanti) - Trento (120.000 abitanti) - popolata

4. Trento è _____ Roma.

Il Po (km. 672) - il Mississippi (km. 6.970) - lungo

5. Il Mississippi è _____ Po.

Nicola (47 kg.) - Franco (47 kg.) - magro

6. Franco è _____ Nicola.

11 Condizionale presente

*Complete the sentences with the **condizionale presente** of the verbs.*

1. Franco *(volere)* _____ comprare una motocicletta.
2. Luciana, mi *(dare)* _____ il sale, per favore?
3. Mi *(piacere)* _____ andare a Rio.
4. Mi scusi, *(potere)* _____ aprire la finestra?
5. Ragazzi, mi *(dare)* _____ una mano a mettere in ordine?
6. Beh, i tuoi amici *(potere)* _____ arrivare anche un po' prima!
7. Se ti va, *(noi-potere)* _____ andare di nuovo al ristorante cinese.
8. Non credo che Barbara *(venire)* _____ con noi.
9. Mi *(prestare)* _____ un attimo la tua penna?
10. Senta, scusi, ci *(portare)* _____ ancora un po' di pane?

12 Condizionale presente

*Complete the sentences with the **condizionale presente** of the following verbs (they are not in order).*

potere	stare	mettere	abitare	dire	venire	dare	dovere

1. Lucca è veramente una bellissima città. Credo che ci _____ volentieri.
2. Secondo me Patrizia _____ meglio con i capelli corti.
3. Mi scusi, mi _____ l'ora?
4. Alla festa io _____ invitare anche Renato, che ne dici?
5. Ti _____ a trovare volentieri, ma fino a venerdì non ho proprio tempo.
6. Ragazzi, _____ studiare di più!
7. Io veramente non _____ le scarpe blu con la gonna nera.
8. Mi _____ il numero di cellulare di tuo fratello?

13 Condizionale presente

*Complete the e-mail with the **condizionale presente**.*

Caro Flavio, è sera, ti ho appena sentito, ma già mi manchi. *(Volere)* _____ averti qui, ma so che per oggi non è più possibile. Ci vediamo domani? *(Essere)* _____ veramente splendido!! Insieme *(potere)* _____ fare progetti per domenica. Veramente sai che non mi *(andare)* _____ di uscire di casa questo fine settimana, ma sai anche che per amor tuo *(fare)* _____ di tutto: *(dimenticare)* _____ il lavoro, *(stare)* _____ senza mangiare, *(dormire)* _____ in piedi … Sai che odio la montagna, ma *(potere)* _____ anche decidere di venire a sciare con te. *(Potere)* _____ invitare anche Sandro e Iris che *(essere)* _____ senz'altro felici di stare un po' con noi. La sera poi si *(potere)* _____ mangiare tutti a casa mia. Cosa ne dici? Se leggi questa e-mail domattina, *(potere)* _____ rispondermi subito? Sì, perché io *(dovere)* _____ essere in centro alle 9. Se a mezzogiorno non hai risposto vengo da te. Così *(avere)* _____ l'occasione di vederti e ti *(dare)* _____ il CD che hai dimenticato qua. Bacio Linda.

14 Condizionale presente

*Complete the e-mail conjugating the following verbs in the **condizionale presente**.*
The verbs are not in the correct order.

| avere | costare | dovere | essere | piacere | venire | vivere | volere |

Teresa,
mi spiace, ma domenica non possiamo venire a Napoli per la tua festa, ci _____ molto, ma purtroppo questo fine settimana ci sono i miei suoceri ospiti a casa nostra. Dico purtroppo, ma in verità voglio molto bene ai genitori di Carlo, e sia io che Carlo _____ vederli più spesso, ma casa nostra è così piccola, e avere gente che dorme nel soggiorno è un po' pesante. _____ bello avere un appartamento più grande, magari un attico con una grande terrazza, con due camere da letto, così i miei suoceri _____ una stanza tutta per loro quando vengono da Venezia. Certo _____ cambiare quartiere, perché un attico così grande nel centro di Roma _____ una fortuna, ma _____ molto meglio, e poi sono sicura che anche voi _____ a Roma più spesso, con una stanza sempre a disposizione a casa nostra.
Mi dispiace molto di non essere lì per il tuo compleanno. Ci sentiamo domenica mattina.
Baci
Annamaria

Appuntamenti

1 Lessico
Complete the conversation with these expressions.

| perfetto | Perché | volentieri | che programmi | vedere | sera |

| tempo | impegni | Hai voglia di |

▼ Pronto?

■ Pronto, Stefania, ciao sono Marisa.

▼ Ah, ciao Marisa!

■ Senti, _____ hai per venerdì _____?

▼ Hmmm, per ora non ho _____. _____?

■ _____ venire all'Opera con me?

▼ Sì, _____ , è da tantissimo _____ che non ci vado.
E senti, cosa andiamo a _____?

■ Il Rigoletto.

▼ Ah, _____!

2 Lessico
Who is talking to whom?

3 Lessico

A friend suggests that you two should go out together but your diary for next week is already full. Explain why you don't have time.

Lunedì non posso perché devo lavorare.

Martedì non posso _____

_____

_____

_____

_____

lunedì	*lavoro*
martedì	*accompagnare Catia alla stazione*
mercoledì	*teatro*
giovedì	*corso d'inglese*
venerdì	*cena di lavoro*
sabato	*festa di Riccardo*
domenica	*mostra di Modigliani*

4 Lessico

What is the correct response?
Careful: sometimes both responses are correct!

1. Che ne dici di far shopping?
   a. Mi dispiace, sono al verde.
   b. Perché invece non andiamo al museo?

2. Hai voglia di andare al cinema?
   a. Sì, ho proprio voglia di andare all'aria aperta!
   b. Oh, sì, c'è un film di Fellini!

3. Andiamo a correre nel parco?
   a. Veramente avrei un impegno.
   b. Volentieri, ho qualche chilo di troppo.

4. Dai, perché non mi accompagni in piscina?
   a. Oddio, con questo tempo?!
   b. Oddio, ma il lago è lontano!!

5. Ti va di chiamare Carlo?
   a. Come no?
   b. Certo, ma non subito!

6. Sei d'accordo se invitiamo Ida?
   a. No, dai, non la sopporto!
   b. Buona idea, è simpatica!

5 Dialogo scombinato
Put the conversation in the correct order.

__1__   Senti, allora ci vediamo sabato mattina?

____   Hmmm, facciamo alle 10.30.

__3__   E dove ci incontriamo?

____   D'accordo, a sabato, allora.

____   Ma no, dai, facciamo direttamente davanti al negozio.

____   Verso le 10.00?

____   Mah, io direi di vederci alla fermata della metropolitana.

____   Sì, per me va bene.

____   Ok, d'accordo, e a che ora?

6 *Stare* + gerundio
*Make sentences with **stare** + gerund.*

Anita

Marta e Luisa

Luca

Licia

Mattia

Aldo e Giacomo

Ernesto

Anna

7 *Stare* + gerundio
Who is doing what? Complete as in the example.

1. La signora con la borsetta *sta fumando.*
2. Gli ultimi due ragazzi _____ _____ fra loro.
3. La signora con i capelli lunghi _____ _____ un tramezzino.
4. Il vecchietto _____ _____.
5. Il signore con gli occhiali _____ _____ il giornale.
6. Il signore alla cassa _____ _____ i biglietti.
7. Il tipo con i baffi _____ _____.
8. La donna e il suo bambino _____ _____ un gelato.
9. Il primo signore della fila _____ _____.
10. Tutti _____ _____ la fila.

8 Pronomi oggetto diretto, passato prossimo
Complete the sentences with the direct pronouns and with the final vowel of the past participle.

1. Ieri ho incontrato Marcello e _____ ho invitat__ a cena da noi sabato sera.
2. Senti, i miei occhiali, dove _____ hai mess__?
3. La guida di Bologna _____ hai portat__?
4. Sì, è un bellissimo film, pensa che _____ ho vist__ tre volte!
5. Federica? No, non _____ ho ancora chiamat__, ma lo faccio subito.
6. Le banane _____ ho comprat__ nel negozio biologico.

9 Pronomi oggetto diretto, passato prossimo
Match the sentences and complete with the pronoun and the verb ending.

1. Hai fissato l'appuntamento dal medico?
2. Avete comprato i biglietti del concerto?
3. Vai tu a prendere le bambine?
4. Perché avete rifiutato il suo invito?
5. Adesso la macchina è a posto?
6. Ha già restituito i soldi?
7. Hai già studiato l'imperfetto?

a. Sì, _____ abbiamo pres__ on line.
b. Sì, _____ha ridat__ a Marco ieri sera.
c. Sì, ma non _____ ho capit__ bene.
d. Perché _____ ha fatt__ troppo tardi!
e. Certo, _____ ho chiamat__ stamattina.
f. _____ ha già pres__ la baby sitter!
g. Sì, il meccanico __ ha riparat__ oggi.

10 Pronomi diretti e passato prossimo - Avverbi di tempo (*già* e *non… ancora*)
*Look at the list and form sentences using **già** and **non… ancora**.*

```
comprare il vino ✓
chiamare Teresa
invitare Luisa a cena ✓
portare le giacche in lavanderia ✓
comprare i biglietti
pagare la bolletta del telefono ✓
chiamare il dentista
controllare la posta
```

```
Il vino l'ho già comprato.
Teresa non l'ho ancora chiamata.
```

11 Pronomi diretti e passato prossimo - Avverbi di tempo (*già* e *non… ancora*)

a. *Franca has organized a party and has shared out the tasks between her friends. Read her note.*

```
io:              comprare piatti plastica ✓
                 preparare tavola ✓
                 chiedere CD Carlo ✓
Gianna:          prendere spumante
                 fare torta ✓
Laura e Mario:   telefonare Giulio+Sandra ✓
                 ordinare tartine
                 portare bevande
```

b. *Franca and Gianna meet the day before the party to check that everything is OK. Complete their conversation, as in the example.*

▼ Allora, i piatti di plastica *li ho già comprati*, la tavola _____, i CD _____ io a Carlo. E tu hai pensato allo spumante?

■ No, *non l'ho ancora preso*, però la torta _____.

▼ Sai se Laura e Mario hanno fatto quello che dovevano?

■ Mah, so che _____ a Giulio e Sandra, ma le tartine _____ _____ e le bevande _____ _____.

▼ E quando diavolo pensano di farlo? Adesso li chiamo!

12 Pronomi oggetto diretto e indiretto, passato prossimo
Complete the following paragraph with the pronouns and the verb ending.

La prima volta che ___ ho portat___ fuori a cena, Luciana era molto elegante: il vestito che indossava ___ stava molto bene e io ___ ho fatt___ i complimenti. Lei ___ ha sorris___ mentre io ___ mangiavo con gli occhi. La fame era tanta e abbiamo chiesto al cameriere di portar___ il menù. In quel momento siete entrati voi. Io ho evitato di guardar___ perché volevo stare solo con Luciana. Il cameriere, però, che sapeva che ___ conoscevamo, ___ ha detto, mentre ___ indicava: "Purtroppo non ci sono tavoli liberi, ma se volete potete seder___ là con i signori." E così quella che doveva essere una serata romantica ___ ho trascors___ con i soliti amici!

13 Lessico

Complete the text with the missing words, choosing one of the three words suggested on the right.

Al cinema, a teatro, come in un tutti i __**1**__ pubblici, si deve tenere un comportamento corretto e fare notare la propria __**2**__ il meno possibile. Quindi le persone devono evitare commenti ad __**3**__ voce e i rumori che sono veramente __**4**__, devono cercare di non tossire e starnutire. Se non siamo __**5**__ dobbiamo aspettare la pausa per entrare. I cellulari sono __**6**__, ma le __**7**__ maniere ci insegnano a __**8**__ durante gli spettacoli. Nei musei e nelle mostre, poi, è bene evitare di leggere la __**9**__ ad alta voce e non rimanere troppo tempo davanti a __**10**__.

1. (a) posti	(b) stanze	(c) luoghi
2. (a) proposta	(b) presenza	(c) persona
3. (a) alta	(b) adorata	(c) adatta
4. (a) fastidiosi	(b) falsi	(c) famosi
5. (a) puntati	(b) puntuali	(c) puliti
6. (a) uniti	(b) ultimi	(c) utili
7. (a) buone	(b) carine	(c) generose
8. (a) spegnerli	(b) spegnerci	(c) spegnerle
9. (a) guida	(b) lettura	(c) programma
10.(a) una finestra	(b) un quadro	(c) un vetro

14 Posizione dei pronomi con i verbi servili

Change the sentences as in the example.

1. Devi spegnere il telefonino.
2. Non puoi bere tutto quel caffè!
3. Dovete portare i libri.
4. Non devi guardare troppo la televisione.
5. Posso lasciare la macchina qui?
6. Puoi spegnere la radio?

Devi spegnerlo / Lo devi spegnere!
_____!
_____!
_____!
_____!
_____!

15 Pronomi oggetto diretto e indiretto

a. Complete with the appropriate pronoun

Un giorno vedo in un locale una donna splendida. Decido di conoscer____, ma non riesco a parlar____ perché lei esce prima di me. Allora decido di seguir____ e le corro dietro perché non ____voglio perdere. La donna, purtroppo, gira l'angolo proprio quando sta passando un autobus. Io non riesco a evitar____ e cado. Urlo: "Aiuto!". Lei mi sente e viene a vedere cosa è successo. "____ posso aiutare?" ____ chiede. Io potrei alzar____ , ma preferisco rimanere dove sono. È così che ho conosciuto mia moglie.

b. In the text there are three sentences in which the object pronoun can change position.
  Underline them and then rewrite them below, changing the position of the pronoun.

1) _____ 2) _____ 3) _____

Appuntamenti

14

Test 4

1 Pronomi diretti, indiretti e particella *ne*   …./10

Read the text and complete it with the direct and indirect pronouns and with **ne**.

■ Buongiorno Signora Carli, cosa posso dar_____ di buono oggi?

▼ Buongiorno Mario, vorrei delle pere.

■ Sì, _____ preferisce verdi o gialle?

▼ Gialle grazie, _____ vorrei un chilo. Oggi vorrei fare una torta.

■ Mmh, che bella idea. E come _____ prepara?

▼ Con le pere e il cioccolato… ha del cioccolato?

■ Sì, naturalmente! Come _____ vuole, dolce o amaro?

▼ Dolce, grazie. _____ vorrei 150 grammi.

■ Senta, ho una scatola di cioccolato da 200 grammi. Va bene?

▼ Va bene, _____ prendo.

■ Signora Carli, _____ posso offrire queste fragole, sono dolcissime e sono perfette per la sua torta.

▼ Oh Mario, come è gentile _____ prendo volentieri… Domani torno qui e _____ porto un pezzo di torta!

2 Condizionale   …./12

Complete the text with the verbs in the conditional tense. The verbs are in the correct order.

> piacere dovere volere essere partire potere volere costare amare visitare andare passeggiare

Cara Claudia, ti scrivo per dirti che questa estate non posso venire in vacanza con te.
Mi _____ molto ma purtroppo devo lavorare a luglio e ad agosto. _____ riuscire a prendere delle vacanze ad ottobre e naturalmente non so ancora dove andare. Ho parlato con Carlo e mi ha detto che lui _____ visitare la Spagna, l'Andalusia. In effetti _____ un bel viaggio. Anche Marina e Piero _____ con noi e forse _____ essere ospitati tutti e quattro a casa di una loro amica, a Siviglia. In realtà io _____ andare a New York. Sì lo so, questo viaggio _____ di più dell'altro ma Carlo non ha mai visitato gli Stati Uniti e poi Marina e Piero non mi stanno molto simpatici. Secondo me Carlo _____ New York! Insieme _____ i musei, _____ tutte le sere a sentire un concerto differente, _____ per il Village! Per ora sono solo sogni… mi aspettano mesi e mesi di duro lavoro. Un bacio, Giulia.

2 *Stare* + gerundio   …./10

Form sentences with the verb **stare** + *gerund*.

Carlo dorme.   *Carlo sta dormendo.*_____

Giulia dice la verità.   _____

Loro fanno i compiti.   _____

Sara pulisce la casa.   _____

Mirko e Andrea vanno via.   _____

Non capisco quello che dici.   _____

92 | ESERCIZI-TEST 4

4 **Comparativi** .../11
Make comparisons as in the example, using prepositions with articles where appropriate.

1. Il fiume Mississipi (km 6.970) - il fiume Tevere (km 405) - corto
Il fiume Tevere è ___*più corto del*___ fiume Mississipi.

2. Napoli (1.000.500 abitanti) - Caserta (144.078 abitanti) - popolato
Caserta è _____ Napoli.

3. Il Colosseo (52 metri) - La Torre di Pisa (55 metri) - alto
La Torre di Pisa è _____ Colosseo.

4. Carlo (80 kg) - Marta (95 kg) - grasso
Marta è _____ Carlo.

5. L'Hotel Rosi (40 € per notte) - La Pensione Mazza (40 € per notte) - caro
L'Hotel Rosi è _____ la Pensione Mazza.

5 **Passato prossimo con pronomi diretti** .../15
Answer the questions. Complete the sentences with the direct object pronoun and with the final vowel of the past participle.

1. Hai comprato i tortellini?   Sì, ___*li ho comprati*___.
2. Hai visto la mostra di Picasso?   No, _____.
3. Hai sentito Giulio?   Sì, _____ ieri.
4. Chi ha preso i biglietti?   _____ io.
5. Avete chiamato le vostre sorelle?   No, ancora _____.
6. Avete conosciuto Pino e Franca?   Sì, _____ sabato scorso.

6 **Riscrittura** .../20
Rewrite the text changing it from the present to the past.
*Use the **passato prossimo** and **imperfetto** tenses.*

Carlo e io siamo in vacanza in Marocco, per il mio compleanno! Siamo a Marrakech, una città molto interessante anche se un po' turistica! In genere la mattina ci svegliamo presto perché fa molto caldo. Visitiamo i monumenti antichi e facciamo sempre un giro al mercato per comprare la frutta. Il giorno del mio compleanno facciamo un'escursione bellissima, andiamo nel deserto: di giorno visitiamo dei villaggi antichi e vediamo delle oasi, la notte dormiamo fra le dune, che romantico!

Carlo ed io __siamo stati__ in vacanza in Marocco, per il mio compleanno!

ESERCIZI-TEST 4 | 93

Key to the tests

TEST 1

1. Articoli determinativi e sostantivi (30) - la[1]-le[2] sedie[3], lo[4]-gli[5] scrittori[6], il[7]-i[8] limoni[9], l'[10]-gli[11] antipasti[12], l'[13]-le[14] attrici[15], le[16]-la[17] lezione[18], gli[19]-l'[20]ospedale[21], i[22]-il[23] nome[24], gli[25]-lo[26] studente[27], le[28]-l'[29]impiegata[30]

2. Articoli determinativi e indeterminativi (15) - un[1], uno[2], Il[3], il[4], la[5], il[6], gli[7], il[8], un[9], Il[10], un[11], un[12], la[13], il[14], un[15]

3. Presente indicativo (15) - arrivo[1], dormiamo[2], abita[3], sei[4], lavori[5], visitano[6], conoscono[7], andiamo[8], sai[9], piace[10], piacciono[11], guarda[12], pensa[13], telefono[14], arrivo[15]

4. *Sapere* e *conoscere* (5) - sa[1], conosci[2], conoscono[3], sapete[4], so[5]

5. Interrogativi (10) - Come[1], Di dove[2], Perché[3], Quando[4], Che cosa[5], Dove[6], Che cosa[7], Quanti[8], Qual[9], Come[10]

6. Riscrittura (10) ■ *Buongiorno, sono Marco Berio.* ▼ *Piacere, Dana Jones*, sono inglese. **Lei**[1] **è**[2] italiano? ■ No sono argentino, ma lavoro in Italia. ▼ Che lavoro **fa**[3]? ■ Sono traduttore, e **Lei**[4]? ▼ Io studio all'università. ■ Dove **studia**[5]? ▼ All'Università per stranieri. **Sa**[6] dov'è? ■ Sì, è qui vicino. **Conosce**[7] Maria Parisi? ▼ Sì, certo, è la mia insegnante. Come la **conosce**[8]? ■ È anche la mia insegnante privata. ▼ Che coincidenza! ■ **Prende**[9] un caffè con me? ▼ Volentieri, grazie. Quale bar **preferisce**[10]? ■ È lo stesso.

TEST 2

1. Presente indicativo (12) - vanno[1], Hanno[2], finiscono[3], partono[4], dormono[5], mangiano[6], resta[7], legge[8], prepara[9], è[10], fa[11], lavora[12]

2. Aggettivi (8) - politico[1], strana[2], principale[3], civile[4], grande[5], antiche[6], famosa[7], rinascimentale[8]

3. *C'è* e *ci sono* (5) - ci sono[1], c'è[2], ci sono[3], ci sono[4], c'è[5]

4. Preposizioni (14) - a[1], per[2], in[3], in[4], a[5], Nell'[6], delle[7], sul[8], nel[9], del[10], Nei[11], al[12], in[13], nella[14]

5. L'ora e gli orari (10) - mezzo[1], È[2], un quarto[3], a[4], dalle[5], all'[6], le[7], meno[8], alle[9], e[10]

6. Riscrittura (16) - *Si chiama Anna*, **ha**[1] 22 anni e **va**[2] all'università. **Studia**[3] Archeologia, **è**[4] al terzo anno e tra un mese **deve**[5] fare un esame molto difficile: Storia Romana. **Ha**[6] un po' paura, perché questo semestre **lavora**[7] come assistente del professore e non **può**[8] studiare tanto.

Studia[9] sempre insieme a un amico, Antonio. Per questo esame **devono**[10] scrivere una relazione sulla politica economica dell'imperatore Nerone. **Vogliono**[11] assolutamente avere un buon voto, per questo **passano**[12] tutto il tempo in biblioteca a studiare.

La sera quando **escono**[13] dalla biblioteca sono così stanchi che non **possono**[14] pensare o parlare, e **lei**[15] **vuole**[16] solo andare a casa a dormire.

TEST 3

1. Passato prossimo (44) - hai passato[1-2], sei andata[3-4], ho fatto[5-6], Siamo partiti[7-8], ha comprato[9-10], è stato[11-12], abbiamo parlato[13-14], abbiamo ascoltato[15-16], abbiamo cantato[17-18], Siamo arrivati[19-20], abbiamo trovato[21-22], abbiamo visitato[23-24], siamo andati[25-26], abbiamo visto[27-28], abbiamo fatto[29-30], siamo andati[31-32], abbiamo passato[33-34], abbiamo preso[35-36], siamo stati[37-38], ho letto[39-40], ha fatto[41-42], è rimasta[43-44]

2. Ci vuole-ci vogliono (7) - ci vuole[1], ci vogliono[2], ci vogliono[3], ci vogliono[4], ci vogliono[5], ci vuole[6], ci vogliono[7]

3. Riscrittura (21) - *Lei è Gloria*, **abita**[1] a Roma. La mattina **si sveglia**[2-3] alle 7, **fa**[4] colazione, **si veste**[5-6] ed **esce**[7] verso le 8. **Va**[8] a lavorare in bicicletta. **Comincia**[9] a lavorare alle 8:30 e **finisce**[10] alle 4:30. Il lavoro è interessante ma **si stanca**[11-12] molto, così la sera quando **torna**[13] a casa **si riposa**[14-15], **legge**[16] o **guarda**[17] la televisione. Durante il fine settimana **vuole**[18] **divertirsi**[19], **esce**[20] con gli amici e **va**[21] al cinema o al teatro.

4. Aggettivi possessivi (22) - il mio[1-2], la mia[3-4], mia[5-6], la sua[7-8], i nostri[9-10], le sue[11-12], i miei[13-14], Mio[15-16], mia[17-18], il loro[19-20], i nostri[21-22]

5. Passato prossimo dei verbi riflessivi (10) - Roberta [1]si è trasferita [2]in un appartamento al centro. Mio fratello [3]si è laureato [4]in ingegneria il mese scorso. Io [5]mi sono svegliato [6]tardi. Lucio e Franca [7]si sono sposati [8]in una piccola chiesa di campagna. Carlo ed io [9]ci siamo incontrati [10]a teatro, ieri sera.

6. Riscrittura (24) - *Giulio e Franca sono partiti per Parigi sei mesi fa.* **Sono andati**[1-2] a Parigi per lavorare in uno studio di architettura; **sono soddisfatti**[3-4] del nuovo lavoro perché è interessante anche se duro. Qualche volta **sono usciti**[5-6] con dei colleghi: **sono andati**[7-8] in un club jazz, e **si sono divertiti**[9-10] molto. Appena **sono arrivati**[11-12] a Parigi **hanno trovato**[13-14] una casa molto piccola, ma poi **si sono trasferiti**[15-16] in un appartamento più grande, dove **hanno organizzato**[17-18] una bella festa con i nuovi amici francesi. Due mesi fa **hanno comprato**[19-20] una macchina e spesso il fine settimana **visitano**[21-22] degli amici che abitano in campagna, o **fanno**[23-24] dei piccoli viaggi fuori città.

TEST 4

1. Pronomi diretti, indiretti e particella *ne* (10) - Le[1], le[2], ne[3], la[4], lo[5], Ne[6], la[7], Le[8], le[9], Le[10]

2. Condizionale (12) - piacerebbe[1], Dovrei[2], vorrebbe[3], sarebbe[4], partirebbero[5], potremmo[6], vorrei[7], costerebbe[8], amerebbe[9], visiteremmo[10], andremmo[11], passeggeremmo[12]

3. *Stare* + gerundio (10) - Giulia **sta dicendo**[1-2] la verità. Loro **stanno facendo**[3-4] i compiti. Sara **sta pulendo**[5-6] la casa. Mirko e Andrea **stanno andando**[7-8] via. Non **sto capendo**[9-10] quello che dici.

4. Comparativi (11) - 2. meno popolata di[1-2-3], 3. più alta del[4-5-6], 4. più grassa di[7-8-9], 5. caro come/quanto[10-11]

5. Passato prossimo con pronomi diretti (15) - non l'ho vista[1-2-3], l'ho sentito[4-5-6], Li ho presi[7-8-9], non le abbiamo chiamate[10-11-12], li abbiamo conosciuti[13-14-15]

6. Riscrittura (20) - *Carlo e io siamo stati in vacanza in Marocco, per il mio compleanno!* **Siamo stati**[1-2] a Marrakech, una città molto interessante anche se un po' turistica! In genere la mattina **ci svegliavamo**[3-4] presto perché **faceva**[5-6] molto caldo. **Visitavamo**[7-8] i monumenti antichi e **facevamo**[9-10] sempre un giro al mercato per comprare la frutta. Il giorno del mio compleanno **abbiamo fatto**[11-12] un'escursione bellissima, **siamo andati**[13-14] nel deserto: di giorno **abbiamo visitato**[15-16] dei villaggi antichi e **abbiamo visto**[17-18] delle oasi, la notte **abbiamo dormito**[19-20] fra le dune, che romantico!

Alma Edizioni
Italiano per stranieri

A book for **English speaking students** who want to practice Italian grammar in a complete and successful way. All the main rules of Italian are clearly illustrated with essential grammar tables. The **exercises**, **quizzes** and **games** not only "train" the students to use the language, but also provide them with interesting information about Italian life, society, culture and history.

The most useful and most frequently used forms are presented with great care, both in the introduction to the rules and in the exercises. Idioms, slang and typical expressions of spoken Italian are also presented and practiced.

Some useful **progress tests** help students to score and check their level. The volume has answer keys. It is for **elementary**, **intermediate** and **advanced** level students.

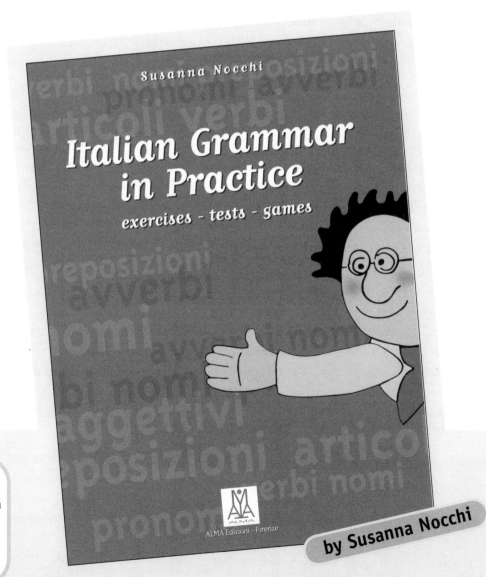

ALMA EDIZIONI
viale dei Cadorna, 44
50129 Firenze - Italia
tel +39 055476644
fax +39 055473531
info@almaedizioni.it
www.almaedizioni.it